传奇投资人的智慧

ROLF   HEINZ
MORRIEN   VINKELAU

ALLES, WAS SIE ÜBER
ANDRÉ KOSTOLANY
WISSEN MÜSSEN

安德烈·科斯托拉尼
投资精要

[德] 罗尔夫·莫里安
[德] 海因茨·温克劳
_著

孙佳 _译

中信出版集团 | 北京

图书在版编目（CIP）数据

传奇投资人的智慧.安德烈·科斯托拉尼投资精要 /
（德）罗尔夫·莫里安,（德）海因茨·温克劳著;孙佳
译. -- 北京:中信出版社, 2022.3
　　ISBN 978-7-5217-3986-2

　　Ⅰ.①传… Ⅱ.①罗… ②海… ③孙… Ⅲ.①投资－
基本知识 Ⅳ.① F830.59

中国版本图书馆 CIP 数据核字 (2022) 第 021104 号

传奇投资人的智慧.安德烈·科斯托拉尼投资精要
著者:　　　[德]罗尔夫·莫里安　　[德]海因茨·温克劳
译者:　　　孙佳
出版发行:中信出版集团股份有限公司
　　　　　（北京市朝阳区惠新东街甲4号富盛大厦2座　邮编　100029）
承印者:　　北京启航东方印刷有限公司

开本:880mm×1230mm 1/32　　　印张:36　　　　　字数:457千字
版次:2022年3月第1版　　　　　　印次:2022年3月第1次印刷
京权图字:01-2021-5468　　　　　　书号:ISBN 978-7-5217-3986-2
定价:294.00元

目 录

▶ **第一部分**

安德烈·科斯托拉尼——投机者、记者、市场的巡回宣传员

▶ **第二部分**

安德烈·科斯托拉尼的成功业绩

第三部分

安德烈·科斯托拉尼的策略与原则

清单

科斯托拉尼的 10 条准则与 10 条戒律 87

安德烈·科斯托拉尼：

德国股市投资心理学第一人

——刘建位　《巴菲特选股 10 招》作者，

霍华德·马克斯作品《周期》译者

安德烈·科斯托拉尼，1906 年 2 月 9 日出生，1999 年 9 月 14 日去世，享年 93 岁，德国著名投资家、投机家、专栏作家，人送绰号"股市教授"。他比巴菲特大 24 岁，可以说是巴菲特的上一辈投资人。

科斯托拉尼的名字不太好记，按照中国人的方式，我管他叫老科。

老科在中国不太有名，但是在德国特别有名。中国人喜欢说人生有三大成就：立功，立言，立德。老科在这三个方面的成就都很大。

先说立功，谈谈老科在投资事业上的成就。

老科 1906 年出生于匈牙利，大学时代主修哲学和艺术史，1924 年到巴黎的证券交易所学习股票投资，之后当起了股票经纪人，正式进入证券市场。老科从投机、卖空和套利交易起家，后来转向长期投资持有。

1929 年，股市大崩盘，老科通过卖空获利。

1941 年，老科 35 岁，投资事业达到顶峰，实现了财务自由。

1940 年，德军攻打巴黎，老科飞往美国避难，作为主要股东和管理层，创办了股票经纪公司 G. Ballai and Co Financing Company，从 1941 年到 1950 年一直担任董事长兼总经理。

第二次世界大战之后，老科看好德国重建，在德国股市大量投资股票。战后几年，德国经济强劲增长，创造经济奇迹，这让他发了大财，也让他成为德国股市的代表人物。

再后来，老科从美国返回巴黎，在戴高乐将军的推荐下，获得法国荣誉骑士勋章。

再说立言，谈谈老科在写作事业上的成就。

1956年，50岁的老科开始从事专栏写作，这个股市专家成了著名财经作家。他在25年间，共撰写414篇文章，先后出版13本书，图书累计销量超过300万册，在德国无人能比。

然后说立德，谈谈老科在教学事业上的成就。

1974年，68岁的老科开始创办投资研讨班，定期在各地咖啡馆举办讲座，几年后，参与学员累计超过3万人。讲座次数多了，老科不仅成了德国最有名的股市教授，也成了巴黎、汉堡、纽约等地好多咖啡馆的VIP顾客，享有"免费的固定咖啡桌"。

从立功、立言、立德三个方面的综合成就来看，说老科是德国股票投资界的第一大名人并不为过。

纵观老科70多年的投资生涯，我们可以发现，他的投资范围很广，涉及的品种很多，包括外汇、大宗商品、债券、股票等等。但是，老科本人认为，只有股票让他获利最多，股票才是他的最爱，是他最擅长的。老科在德国被称为"股市教皇"，用中国人习惯的说法，相当于"德国股神"。所以，我们学习老科，重点学他如何投资股票就行了。

老科经常说自己是投机者，但是我认为，他其实是真正的投资家。老科并不推崇短线投机，他认为，绝大多数在股票交易所进行短线交易的投机客，都不做深入思考，一味频繁地买进卖出，把交易所当成了赌场。老科做的是非常高级的投机交易，他认为，真正的投机者是高智商、有头脑的交易高手。他们能正确预测经济、政治和社会发展的大趋势，并能设法先他人一步从中获利。用现在流行的话说，老科这样的"投机者"是"选股的手艺人"。

老科最擅长的是看清股市的未来走势，他总结了看清股市未来走势的"三条真经"，分别可用于指导投资者分析股市短期、长期、中期的趋势。下面我来——简要讲解。

第一条，股市短期关键看心理面

老科说：股市的短期波动，90%都是心理面的波动造成的。

中国股民多数是做短线的，看了这句话，有些人可能会大为震惊：什么？这样一来，我天天看市场面，做技术分析，看资金面，看成交量，看新闻，研究基本面，这些岂不是都没有用？

很多人以为自己经过了理性分析，其实在真正做投资决策时，绝大多数个人投资者最终都是跟着感觉走。各种真真假假的消息和个人猜测，新闻报道、各路评论和小道消息混杂在一起，让原本复杂的投资市场变得更加难以捉摸。同样的消息，一会儿被解释为利好，一会儿又被解释成利空。所谓的分析，往往是在股价已经大幅变动之后，急忙去给看到的结果找原因，放个"马后炮"。

很多人喜欢说，股市的短线波动根本看不懂。而老科调侃回怼："股市要是能让大家都看得懂，就不叫股市了。"这句话，绝对可以算得上是股市心理分析的一句名言。

会影响股市短期行情的，是投资者对重大事件的反应，而非重大事件本身。归根结底，股市的投资气氛不过是由大众的心理共识形成的，多数投资者对市场行情所持的悲观或乐观态度，会直接影响行情走势。

第二条，股市长期关键看基本面

老科有个著名的比喻，叫"遛狗的先生"，他将股市比作狗，将经济比作遛狗的人。狗总是一会儿跑到前面，一会儿跑到后面，一会儿又跑回到人的身边，偶尔也可能受到别的东西或者别的小狗吸引，半天不回来。然而，最后，狗和遛狗的人总会同时到达同一个目的地。老科认为，从长远来看，经济和股市是朝着相同的方向发展的，但在发展过程中的有些阶段，这两者却可能有着完全相反的方向。

这个比喻非常形象，也非常符合事实。中国经济与中国股市的发展就是很好的例证。

用按照人民币现价核算的 GDP（国内生产总值）来衡量中国经济，1990 年，中国 GDP 为 18 872 亿元，不到 2 万亿元，2021 年为 114 万亿元，增长到 55 倍。

用上证指数来代表中国股市，从 1990 年年底到 2021 年年底，上证指数从 96 点增长到 3 700 多点，上涨了 37 倍。2007 年 10 月的最高点为 6 124 点，历史最大涨幅超过 60 倍。其中，2001 年到 2005 年，中国 GDP 持续增长幅度超过 10%，但是上证指数从最高 2 200 点跌到最低 998 点，股市大幅落后于经济的前进速度。然而，此后股市一路猛涨，2007 年 10 月达到最高 6 124 点，两年多增长到 6 倍以上，股市又大幅领先于经济。

就像"遛狗的先生"的比喻，经济和股市长期来看大体上同步，短期来看经常不同步，过程充满不确定性，有很多曲折。

第三条，股市中期关键看资金面和心理面

老科有一个著名的股市中期趋势预测公式：资金面 + 心理面 = 股市中期趋势。

老科认为，对于中期的股市趋势来说，资金面和心理面这两个方面的因素要比基本面因素更具有决定性，其中资金面尤其重要。我们来分别讲解。

第一个因素是资金面。资金之于股市就好像氧气之于呼吸。无论人们怎样看好股市行情，对企业的盈利增长前景多么乐观，对经济的状态多么肯定，只要手里没有资金，就无法购买股票。没有人以更高的价格买入，股市也就根本不可能上涨。所以，可以说，资金是股票市场的生命力之源。

第二个因素是心理面。心理面决定投资人是否愿意买入。如果投资人的心理面是消极的，没有多

少人愿意去买股票，股市就不可能上涨。如果资金面和心理面两个因素都是积极的，股市就会上涨。相反，资金面和心理面两个因素都是消极的，股市必然会下跌。在一方面因素是积极的，另外一方面因素表现消极的情况下，就要看谁的程度强，变化幅度大。

相较而言，老科认为，资金面更具决定性地位。如果资金面因素是积极的，有大量资金进入金融体系，那么，即便绝大部分投资者对股市的看法并不乐观，在第一批资金的带动下，股市也会开始上涨。股市一上涨，就会吸引其他人对股票产生兴趣，接着就会有新的资金进入，如此反复，久而久之，那些评论家和分析师们会自然而然地顺风倒，为市场上涨找到更多基本面方面的理由。媒体积极正面的分析评论，会持续吸引更多资金涌向股票市场，推动股市进一步上涨。一旦股市持续大涨，大涨本身就成了最强有力的上涨理由。这时，市场就进入牛市的疯狂阶段了。

反过来，熊市的产生也是如此，只不过方向和牛市正好相反。

因此，针对股市中期趋势，投资者必须认真研究各种影响资金面的相关因素，理解资金面、心理面、市场面三者如何相互依赖，相互影响。

以上就是老科对股市未来趋势的判断方法，那么，我们如何利用这些对股市波动的分析来赚钱呢？

我将老科的投资方法总结为"赚钱三招"。

老科说，他永远不会忘记自己在进入巴黎股票交易所工作的第一天时学到的股票投资第一课。

一位老先生告诉当时只有 18 岁的老科："在这里一切都取决于一件事，就是你要看清楚，是傻瓜比股票多，还是股票比傻瓜多。"

这句话从此成了老科的投资信条，70 年来从未改变。

我把这个贯穿老科一生的股票投资策略，总结成以下三招。

第一招，搞清楚谁是高手，谁是傻瓜

老科认为，一名投资人是高手还是傻瓜，由四个因素决定。

第一，资金面的实力，即有没有足够多的可长期自由使用的资金。资金太少，规模太小，收益自然有限。资金量大，但使用期限有限，特别是借来的钱，根本做不了长期投资，也不行。老科认为，没多少长期不用的闲钱，想迅速炒股发大财，就是最明显的傻瓜。

第二，综合分析能力，即能不能结合资金面、心理面、基本面来综合分析市场未来 3 年到 5 年的中期趋势和 10 年以上的长期趋势，形成独立的投资判断。没有与众不同的看法，就看不出与众不同的投资机会。

第三，心理面的实力，特别体现在耐心上。没有买入的好机会，能不能宁愿让资金闲置，耐心等待两三年？买入股票之后，能不能持有三五年甚至更久，即使股票几年没有大涨也能保持耐心？

第四，个人运气。股市波动无常，越是特别大的成功，越是需要特别大的运气。战争、自然灾害、政治变革、新的技术发明，甚至人为因素，都可能导致投资失败。运气因素似乎超出了个人的能力范围，不过，你在投资策略中却可以考虑运气。在牛市顶部追涨，即使短线亏损的概率不大，但一旦出事就血本无归，不要轻易尝试。反过来，在熊市底部抄底，即使短线亏损，亏损幅度也有限，一旦反弹就是大赚，不妨用一部分资金试一试。

第二招，搞清楚傻瓜多，还是股票多

一切商品的价格都取决于供给与需求。在股市中，手中持有股票的投资者是供给方、潜在卖方，手中持有现金的投资者是需求方、潜在买方。股票价格的走势取决于供需双方的力量博弈。

如果持有股票的供给方把手中的股票出手变现

的情绪强烈，而持有现金的需求方想要买入股票的情绪并不强烈，那么股市明显供过于求，股价自然就会下跌。卖出股票的报单特别多，买入股票的报单特别少，这种情况在熊市特别明显。

相反，如果持有现金的需求方想要出手买入股票的情绪强烈，而持有股票的供给方想要卖出股票的情绪并不强烈，那么股市明显供不应求，股价自然就会上涨。买入股票的报单特别多，但是卖出股票的报单特别少，这种情况在牛市特别明显。

从市场供需这个角度来看，经济形势的好坏，企业盈利的增减，局势的高低，只是影响买卖双方投资决策的间接因素，而资金面和心理面才是直接因素。只有供给和需求两方注意这些基本面的事实情况，并因此改变自己的决策时，基本面因素才会对股市涨跌发挥作用。

我们经常听人们大谈市场面的技术分析，包括图表分析、指标分析、波浪理论等等，这些都是用数学工具根据历史数据来推测市场未来走势的方法。老科自己定义的市场分析与之完全不同，是指股市价格水平对于基本面和资金面等各方面的好坏信息做出反应的效率，而对反应效率的判断关键要看一点：大多数流通股票握在谁的手里？是在高手手里，还是在傻瓜手里，这两类人对股市基本面消息的反应差异很大。

如果股票主要集中在傻瓜手里，市场往往表现为狂热的大牛市，那么这时即使出现基本面的好消息，那些高手也不会买入更多股票，因为傻瓜们把能买的已经都买了，股价已经非常高估了。而这时出现基本面的坏消息，就很可能导致股价大幅下挫，甚至发生毁灭性的股灾。如果股票主要集中在高手手里，市场往往处于大熊市的底部，那么这时出现好消息，那些高手会进一步买入，推动股价上涨，即使这时出现坏消息，那些高手也不会卖出，因为他们买的股票已经够便宜了，所以股市也不会再大幅下跌。

第三招，反周期操作

要想反周期操作，在市场供过于求时低价买入，在市场供不应求时高价卖出，就要先准确判断市场周期现在的阶段，为此你必须认识了解股票上涨下跌、波动循环的周期规律，对不同的情况进行细致的观察。

老科认为，看待周期要一分为二，牛市和熊市相互对立，又相互转化。

长期来看，一个周期通常持续七八年，平均而言，两三年一个大牛市，接下来，四五年一个大熊市，如此牛熊交替，循环往复，永不停息。

牛市和熊市，都可以细分为前、中、后三阶段。

牛市第一阶段：初期小幅扩张阶段。成交量小幅上升，拥有股票的人数较少，只有少数有资金、有判断能力、有耐心的投资高手买入股票。这时市场上傻瓜很少，股票很多，股票严重供过于求。

牛市第二阶段：中期中幅扩张阶段。成交量中幅上升，但仍然不算太大，拥有股票的人数有所上升，有些比较聪明的人看到市场上涨，开始跟随少数投资高手买入，这时市场上傻瓜相对较少，股票相对较多，股票相对而言明显供过于求。

牛市第三阶段：后期大幅扩张阶段。成交量大幅上升，不断创出历史新高，拥有股票的人数大幅上升，所有人都看到市场上涨，所有人都想买入，这时市场上傻瓜非常多，股票非常少，股票严重供不应求。牛市继续疯狂，泡沫越吹越大，最后基本面根本无法支撑。能买入的资金都买入了，股市上涨无力为继。这时少数投资高手开始卖出，股市开始进入熊市第一阶段。

熊市三阶段与牛市三阶段的表现正好相反，我就不再一一重复了。

我们可以回忆一下中国股市最近 30 年的 3 次牛熊转换：

第一次：1996 年到 2000 年，网络股大牛市；2001 年到 2005 年，网络股泡沫破裂，持续大熊市。

第二次：2005 年到 2007 年，大牛市；2008 年金融危机，大熊市，市场震荡一直持续到 2014 年。

第三次：2014 年到 2015 年 6 月，一年翻倍的大牛市；熔断政策出台之后，市场在 2 个半月间暴跌超过 40%，熊市一直持续到我撰写本文时的 2021 年年底。

通过观察中国股市近 30 年的表现，你会发现，牛市熊市确实不断交替，且牛市和熊市都可以大致分成三个阶段。但是，市场并不是一直涨，也不是一直跌，在牛市和熊市的三个阶段中间，市场都是有涨有跌，甚至有时涨跌幅度相当大。

那么，到底怎样才能知道股市现在是不是处于牛市第三阶段或者熊市第三阶段呢？

老科这个投资老手，老老实实地回答说："关于这个问题，没有一本教科书可以提供答案，即使投资人想破头，也没办法得到确定答案，而且也没有任何一个方法或公式，可以让投资人直接得到明确的答案。这个问题的答案只能根据以往的经验进行猜测。关键是看市场的心理面。现在投资大众的反应到了何种程度？股票持有人的心理状态如何？他们是对股市充满信心，还是容易受心理因素的影响而立场摇摆不定？这些心理面问题，无法量化，你只能定性分析，大致判断……只有经年累月的经验，才能培养出敏锐的直觉。股票投资者就好像是置身于一个伸手不见五指的暗室，已经在里面待了数十年的人一定会比第一次进入这个房间的人更熟悉暗室的环境。"[1]

结语：百般磨炼方能成为投资高手

人生三大成就：立功，立言，立德。一看立功，老科从投资新手，到投资老手，其间破产过两次，又东山再起，最终成为德国股市有名的投资高

---

[1] 安德烈·科斯托拉尼：《证券投资的艺术》，机械工业出版社，2016 年出版。

手。二看立言，老科投资成功靠的不是理论，而是经验和能力。老科 25 年写了 414 篇文章，精选汇编，出版了 13 本书，实话实说，我认为他的作品是难得的投资实战教材。三看立德，老科在咖啡馆举办投资讲座超过 20 年，学员累计至少 10 万人。立功、立言、立德，三个方面都大有成就，老科可以称得上德国股票投资界的第一大名人。

我在十多年前就读过老科的书，但是没有真正读懂老科。经历了 2008 年金融危机、2015 年"熔断再熔断"，翻译了霍华德·马克斯的《周期》，之后再重读老科的书，才发现老科很多有关市场周期的叙述都是至理名言。建议你将霍华德·马克斯的作品和老科的作品结合起来读，你会理解得更加深入。

最后，我再重复一下我最喜欢的老科的三句投资名言：

1. 股市的短期波动，90% 都是心理面的波动。

2. 股市和经济的关系，就像是狗和遛狗的人的关系。

3.要看清股市周期当前的位置，关键是要看清楚，是傻瓜比股票多，还是股票比傻瓜多。

今天正好是西方的圣诞节，举一杯德国啤酒，致敬老科！

　　沃伦·巴菲特可能是现代股市历史上最有名、最成功的投资者,他在谈到投资时表示:"这很简单,但并不容易。"他的搭档查理·芒格的表述与其非常相似:"认真对待一个简单的想法。"

　　成功的投资并不是秘密。我们在"传奇投资人的智慧"系列图书中介绍的投资策略都非常简单,它们都秉承了巴菲特和芒格的投资精神。你只需要了解书中所讨论的策略的运作原理,然后坚持将这些理论付诸实践。

　　在本系列图书中,我们均从传奇投资人的人生经历起笔。你很快就会发现,早年生活往往造就了这些人后来的投资成就。沃伦·巴菲特的童年逸事几乎成为经典：小沃伦带着一个硬币自动兑换器在自家附近走来走去，以每瓶 5 美分的价格兜售可口可乐。而在此之前，他在祖父的杂货店以 25 美分的价格批发了 6 瓶装的可口可乐。他是这样计算的：投资 25 美分，目的是获得 30 美分的收入（5 美分 / 瓶 × 6），这样利润率可以达到 20%。相传，正是这 20% 的利润率影响了他的一生。巴菲特在做生意的过程中一直追求这样的利润率，而他的确做到了。[1]

现在，我们无法重现传奇投资人的童年经历，但是你可以通过本系列图书了解他们是如何实现自身的个性发展的。然后，我们将向你介绍他们的投资成功案例以及投资策略，正是这些策略使巴菲特以及其他传奇投资人如此成功。[2]

在过去几年、几十年或几个世纪里，已经有十几位投资高手找到了成功的路径，我们为何还要尝试"发明"一种全新的、未经检验的投资策略？模仿投资高手的基本策略并不是什么不光彩的事情，相反，识别、理解和成功实践这些策略已经成为一门艺术。另外，你如果仅仅依靠自己的想法，忽视成功投资人的见解，就很容易重蹈覆辙，甚至会在某个时候进入死胡同。向最好的榜样学习，可以避免走弯路。

这并不意味着要在所有事情上复制成功投资人的决策，而是要求你理解他们的决策过程和决策本身。特兰·格里芬在其著作《查理·芒格的原则》中这样写道：

> 就像没有人可以成为第二个沃伦·巴菲特一样，也不会有人成为第二个查理·芒格。我们不必像对待英雄那样对待任何人，而是要考虑芒格是否像他的偶像本杰明·富兰克林那样拥有我们想要效仿的素质、特质、投资体系或生活方式，即使只有部分值得借鉴。同样的方法也可以解释芒格为什么会阅读数百部人物传记。从他人的成败中吸取经验教

训是最快的学习方式之一，可以让自己变得更加聪明，却不必忍受很大的痛苦。

最后，即使人们不能马上从股市中获得利润，查理·芒格也呼吁大家要坚持不懈："人生中的第一桶金往往是最难获得的。"

我们希望你喜欢本书，并预祝你今后在股市中财源广进。

海因茨·温克劳

罗尔夫·莫里安

第一部分

**安德烈·科斯托拉尼
——投机者、记者、
市场的巡回宣传员**

科斯托拉尼有一个激进的理论:"钱多的人,可以投机;钱少的人,不许投机;没钱的人,必须投机。"[3]

以下是他的经典名言和外界对他的评价:

各种说法不断更新换代,但是市场的长期走势从没变过。从长线来看,市场走势到目前为止一直在上涨。[4]

市场的状态有90%取决于投资者的心理。[5]

真正的投资人是不倒翁。[6]

安德烈·科斯托拉尼对德国投资市场的影响，比德意志银行、德累斯顿银行、德国商业银行三家专业机构加起来还要多。[7]

布达佩斯的童年和青年时光

（1906—1924）

1906 年 2 月 9 日，安德烈·贝尔托隆梅韦·科斯托拉尼在奥匈帝国首都布达佩斯出生。他是工厂主路德维希和夫人科妮莉娅的第四个孩子，也是家中最小的孩子。据科斯托拉尼本人描述，他的父母属于当地的富裕阶层。[8] 他的爸爸拥有一家传统酒厂，还担任市议员，是布达佩斯响当当的人物。他的妈妈科妮莉娅则负责照顾家庭。"我父母对孩子的教育不算特别严格，但这只是相对于那个时代而言。那时，社会对勤奋和礼貌的要求比现在要高很多。"[9]

根据科斯托拉尼的描述，他的爸爸洒脱不羁且极度乐观，喜欢享受生活、及时行乐。而他的妈妈则精打细算，负责掌管家中的财务大权。[10] 他的父母都出生于犹太家庭，但是受过罗马天主教洗礼。小安德烈也接受了天主教洗礼，但他一直为自己的犹太出身而自豪。

科斯托拉尼家境殷实，这一点从他们全家的多次出国旅行中可以得到印证。按照上层圈子的惯例，他的父母给小安德烈聘请了一位专职家庭教师。这位教师是德国人，不受犹太邻居们欢迎，但她让小安德烈早早地学会了德语。"德语是我所掌握的四门语言中水平最差的一门，因为我的家庭教师是班贝格人。我最习惯说法语，因为我从1924年起就生活在法国，虽然中间因为战乱离开了一段时间。"[11]

安德烈的母亲热爱古典音乐，所以她的孩子们从小就接受了良好的音乐教育。比安德烈年长14岁的大哥埃梅里希擅长弹钢琴，并且可以自己作曲；年长10岁的二哥贝拉会拉小提琴；年长8岁的姐姐莉莉学习声乐。安德烈也学习钢琴，他小时候就能和妈妈四手联弹贝多芬的所有交响曲。[12]

1914 年，安德烈刚上学不久，第一次世界大战就爆发了。这场战争夺走了 2 000 万人的生命，却没太影响到这个小学生，他的家人也几乎没有受到波及。安德烈的父亲当时已经过了应征入伍的年龄，他通过自己的人脉，把长子和次子安排在了部队安全的岗位上。战后，匈牙利苏维埃共和国成立。科斯托拉尼一家于 1919 年前往维也纳。在这段动荡时期，年轻的科斯托拉尼开始了他的投机生涯。一战之后，来自各国的少量旧货币和大量新货币在市场上流通，这促成了虽然不完全合法但欣欣向荣的货币交易生意。少年科斯托拉尼也参与到外汇黑市的交易中来。"难民潮为维也纳的外汇黑市带来了繁荣。我一有空就观察外汇交易，很快我就发现，这其中有很多有趣的玩法。13 岁，我就开始了我的交易生涯。"[13]科斯托拉尼主要交易新波兰马克和捷克克朗。据他所说，10% 的收益是没问题的。[14]

匈牙利苏维埃共和国仅仅持续了几个月。科斯托拉尼一家在 1919 年年底返回布达佩斯。科斯托拉尼回到了他的母校——一所在布达佩斯久负盛名的天主教高中。1920 年年初，他和几个同学成立了文学与音乐社团，并担任社团的财务主管。"我很重视这份职责，所以我持续追踪经济形势，敬业程度已经几乎跟职业经纪人一样了。"[15] 当时，正值投机潮席卷战后的布达佩斯，科斯托拉尼便和同学们一起，用社团经费购买股票。科斯托拉尼无意中听到了父亲的一通电话，在电话里，父亲与人说起，航运业将迎来一次井喷式增长。他马上在学校召开了一次"投资作战会"，锁定了几家航运公司作为投资备选。"我们经费有限，所以不能冒进。海洋公司的股票价格在我们的预算范围内，我们就选择了它。"[16] 后来，布达佩斯股市经历了短期低迷，海洋公司的股价也随之下跌。之后大盘回升，但"海洋公司的股价并没怎么回升，我们就把这些股票卖掉，改投了前景大好的"布罗克豪斯百科全书"。[17] 除此之外，我们还投了英国的一家小型百科全书公司，这只股票也表现优异"。[18] 这样看来，少年科斯托拉尼和他的同学们的第一笔投资是非常成功的。只是有一点小小的美中不足："进入'投资圈'几天后，我发现海洋公司根本不是什么航运公司，而是生产鱼罐头的！"[19]

尽管科斯托拉尼的第一次股票投资是基于一场误会，但他最终获得了不错的收益。对少年的他来说，无论股票还是其他有价证券，都不是什么新鲜事物。因为在他的家里，市场投机非常稀松平常。他说："就像我说过的，我从小生活在浓烈的市场氛围中。市场已经是布达佩斯日常生活的一部分。人们普遍爱好投资，对于市场总有说不完的话题。"[20]

一战之前，科斯托拉尼的叔叔就在布达佩斯的粮食市场进行做空交易。有一阵子，他主要做空燕麦。一场期待已久的大雨过后，布达佩斯的燕麦价格下跌，叔叔非常高兴。科斯托拉尼和表哥却很失落——这位叔叔曾经答应带他们去看匈牙利对奥地利的比赛，但比赛因为大雨取消了。

一战前不久，布达佩斯掀起了一阵投机狂潮。安德烈的大哥埃梅里希当时在一家大银行做学徒，他跟几个朋友赊购了一些酒椰纤维期货。酒椰纤维是一种棕榈纤维，在匈牙利的葡萄种植业中被用来做绑枝带。随着战争爆发，酒椰纤维的行情上涨，但之后又降了下来。银行要求追加担保。这让安德烈的大哥陷入恐慌，甚至想过自杀。最后还是父亲出手，帮儿子还上了这笔钱。"从此以后，'酒椰纤维'这个词在我家就成了敏感词，坚决不能提。这件事没有带来太大的影响，我家的声誉依然很好。但我梦寐以求的红色自行车却泡汤了。"[21]

高中毕业后，科斯托拉尼上了大学。"我进入布达佩斯大学学习哲学和艺术史。"[22]科斯托拉尼本想成为一位艺术评论家，希望能开设自己的艺术评论专栏。但现实没有如他所愿，安德烈那人脉众多的父亲有一个老同学叫亚历山大，在巴黎经营一家经纪公司。他常在冬天去蓝色海岸度假，也总会顺路去拜访科斯托拉尼的父母。有一次，亚历山大向安德烈的父亲建议，把儿子送到自己那里学点儿有用的东西。[23] 从此，安德烈·科斯托拉尼每到假期就去巴黎，饱览这座城市的风光，体验当地的交易市场。他登上东方快车，离开笼罩在战后阴霾中的布达佩斯。"在匈牙利和奥地利，到处弥漫着失业与贫困的萧条气氛。能在假期去巴黎待几周，暂时逃离这些烦心事，正是我求之不得的。"[24]

巴黎，这座熠熠生辉的大都市让科斯托拉尼赞叹不已。这里跟布达佩斯不同，一切都充满生机。他尽情享受着这座城市，享受这里的林荫大道、街景公园、文物古迹，以及形形色色的餐厅和丰富多彩的夜生活。不出所料，几周后的离别时刻让他非常难过："就像一个把鼻子贴在甜品店橱窗上的小孩，我流连于这里丰富的生活和热闹的景象，但我却马上就要返程了。当我再一次回到让人伤心又不安的布达佩斯时，我只有一个想法：我还要去巴黎。"[25]

　　科斯托拉尼在他的很多作品中都提到了一个职业——宏观经济学家。在他的描述中，宏观经济学家是伪科学家，他们漫无目的，依赖于错误的假设，狂热迷恋数字——这仅仅是他关于宏观经济学家的描述中的一小部分。

　　正是因为这种反感，他在自己一本书的序言里写道："我必须承认，我不仅学过哲学和艺术史，还学过宏观经济学。我把这个学位证书锁在抽屉最下面，尽可能不去想它。"[26]

　　以下是科斯托拉尼对宏观经济学家的评价的一小部分：

　　"我控诉宏观经济学家，因为他们彻底把储蓄者忽悠傻了，也把商人和企业家的脑子搅乱了。他们努力想把所谓的宏观经济学塑造成一门科学，却徒劳无功。"[27]

　　"约翰·梅纳德·凯恩斯是为数不多的能在交易所里赚到钱的宏观经济学家之一。"[28]

巴黎岁月

（1924—1940）

> 我有两个挚爱，一个是我的家乡，一个是巴黎。[29]

> 我来到了一座城市，这里是当时的世界中心。这里奇幻无比，是一座大型乐园。[30]

1924年，科斯托拉尼第二次来到巴黎，这一次，他要在这里认真学习投资。他在布雷希尔大酒店订了一个房间，这里位于巴黎著名的学生区——拉丁区，毗邻卢森堡公园。"让我决定最终住在这里的原因是酒店门口的一块字牌，上面写着西格蒙德·弗洛伊德曾在此处下榻。"[31] 酒店的房费是每月 200 法郎，正好与亚历山大给他的工资相当。父亲和已经开始掌管家族公司的二哥贝拉还会每月额外资助他一笔钱。他可以在巴黎衣食无忧，但还不足以过上奢侈的生活。[32]"在这里，只要有钱，真的可以得到一切。所以我下定决心，一定要赚钱，赚很多钱。"[33]

20 世纪 20 年代的巴黎有许多匈牙利流亡者的团体，科斯托拉尼很快在其中找到了朋友。他的表兄弟艾蒂安·保洛什两年前就搬到了巴黎，他向安德烈的父亲保证，一定会照顾好自己的兄弟。

亚历山大是糖类交易市场的领军人物，他的经纪公司在市场上赫赫有名。对科斯托拉尼来说，这段学徒时光非常美好。"第一次去交易所，我非常激动。那里就像一个巨大的赌场。金钱静静地浮在空中，我们只需要打开触角，感知它们，然后抓住它们。"[34]科斯托拉尼记录下了他在巴黎交易大厅的第一天，他这样描述交易者狂热而又喧嚣的无序感："在这一片混乱中，成百号人试图寻找正确的方向，然而说实话，我并不太能理解我看到的这种景象。"[35]

科斯托拉尼很快就感受到了工作的艰辛。他最初被安排在交易大厅跑腿。科斯托拉尼用"舞者"来比喻他的工作："跑腿小工们手握记录着客户需求的小纸条，迅速穿梭于一个个群体中间。他们在大楼的不同区域间跳着令人眩晕的波尔卡舞蹈，时而会在熙熙攘攘的人群中相遇，又很快奔向不同的方向。"[36] 但没过多久，科斯托拉尼就适应了这种杂乱无章，并越来越喜欢这里。休息时，他就在办公室里研究交易书籍，书中对经纪公司的各项业务都给出了细致详尽的解释。[37] 做跑腿小工的经历不但让他了解了交易所的运行方式，更让他掌握了不少揽客秘诀。亚历山大在这方面很有经验，他向年轻的科斯托拉尼传授了许多实用技巧。后来，科斯托拉尼对这些技巧掌握得十分熟练。1927 年，在这段学徒期结束后，科斯托拉尼又先后在几家投资公司担任过经纪人。他从不要固定工资，而是从每笔成功的生意中赚取佣金。"招揽客户对我来说并不难，我毕竟是站在揽客大师亚历山大的肩膀上。"[38]

　　这个时期，科斯托拉尼开始了自己的第一笔投资。"20世纪20年代末，在我们公司的一个行政人员的建议下，我在巴黎进行了自己的第一次投资。"科斯托拉尼的第一个投资大动作是以每股400法郎的价格购入2股法国铁矿公司洛里奥姆的股票，并以每股30法郎的价格赊购25股英国 – 葡萄牙矿业公司莫卡比克的股票。[39] 因为当时股市持续上涨，科斯托拉尼很快就把他的股票以买入价2倍的价格出手了。之后，他又一次听从那个行政人员的建议，大胆地做了一笔高风险投资。他买了一只俄罗斯沙皇时代的股票，这只股票在苏维埃共和国成立后其实已经毫无价值了，是一只垃圾股。然而，就是这样的一次投资居然成功了。"和其他股票一样，垃圾股当然也会上涨。我的钱又一次翻倍，而我也一夜之间变成了一个小富翁。信不信由你，我当时有200美元现金，其购买力相当于今天的30 000马克。"[40]

就这样，科斯托拉尼为自立门户储备了足够的资金。在他看来，用一只沙皇俄国的垃圾股赚到可观收益这件事的逻辑并没有那么复杂。"我认为很多理论都是胡扯。当时市场上有很多观点，而人们对这些观点的解释丝毫站不住脚。在我看来，它们很幼稚、愚蠢，毫无逻辑，也未经思考。我的决心很坚定，当所有人都在看涨投机时，我必须要反其道而行……我要把筹码压在熊市上，从下跌的行情中赚钱。"[41]

从之后几年的行情走势来看，看跌的判断是正确的。英格兰人常说："我的家就是我的城堡。"但科斯托拉尼说："我的鼻子就是我的城堡。"[42] 科斯托拉尼的市场感觉的确非常准，他早早就料到市场即将崩盘。华尔街在 1929 年 10 月 22 日出现了巨大的抛售潮，这直接导致了第二天的股灾。欧洲股市也风云骤变，最终只有很少的几个做空者赚到了钱——科斯托拉尼就是其中之一。"经过欧洲股市的大跌，我决定调整方向，靠做空赚钱……每天晚上，我都感觉自己即将迎来下一次胜利。"[43] 这段时期，他和好友汉斯·卡尼茨搬到了一起居住。

接下来的几年里，科斯托拉尼继续从下跌的市场中受益。这段时期，大量金融机构破产，如法国乌斯特里克银行等。作为做空者，科斯托拉尼取得了巨大的成就。"我的生意很好，非常好。因为一些资产价格的下跌和其他危机的出现，我的财富迅速累积。在我那个年纪，大多数人刚刚结束学业，而我已经可以退休了。"[44]

那时的科斯托拉尼有足够的钱去享受生活了。"25岁时，我就已经有了一个私人司机。司机的工资对于我这样的有钱人来说是九牛一毛。住高档酒店也不是什么大不了的事，我整周整周地住在圣莫里茨皇宫酒店。"[45] 他的做空策略也为他赢得了投资大师的美誉。"当时人们非常崇拜我，因为我被看成唯一一个决策正确的人。甚至有一次，我听到两个同事之间的对话：'你一定要买这只股票！''为什么？''因为科斯托买了。'"[46] 科斯托拉尼是少数几个在这场全球金融危机中赚到钱的人之一。他的朋友和同事却承受着这次危机的后果。"我的朋友们、伙伴们，所有与我要好的人都深受打击。而餐厅、夜场都随时向我敞开大门，因为我钱包充裕。我可以昂首挺胸，但是我的心不在这里，所有人的心都不在这里。整个氛围就是萧条的……我孤身一人，形单影只。"[47]

当科斯托拉尼在金融危机中进行了另一笔做空交易后，他的自我怀疑进一步增强。他做空了克鲁格火柴公司。在这家公司不可避免地破产后，1932年，伊瓦·克鲁格在自己巴黎的家中举枪自尽，克鲁格火柴公司的股票价格跌到谷底。科斯托拉尼的做空交易大获成功，给他带来了巨额收益。但"火柴大王"克鲁格的自杀让科斯托拉尼心中五味杂陈。"我再一次赚了钱，但这一次是以一个鲜活的生命为代价。这种感觉让人无法平静。这给了我本已满目疮痍的内心致命一击，从此，我对做空失去了兴趣。"

事情变得越来越糟，这让科斯托拉尼的良心受到了强烈的谴责。"1932年，轰动一时的伊瓦·克鲁格破产事件让我清楚地意识到了做空在道德上的缺陷。我认识到，在做空交易中，一方的盈利必须建立在另一方的亏损之上。可以说，我'良心发现'，从此'弃暗投明'。"[48] 但是，这个转变来得太晚了。1933年，法国经济好转，科斯托拉尼随之蒙受巨大的经济损失，最终破产。"我的家门上贴着封条和拍卖通知。四年繁华灰飞烟灭，我就这样破产了。"[49] 科斯托拉尼丝毫不避讳地承认，那段时间他甚至想要自杀。

他很快就从逆境中找到了出路。他重操旧业，当起了股票经纪人。这一次，他在埃斯皮奈侯爵的办公室工作，给一位巴黎交易界的老牌经纪人——阿德里安·佩奎尔做副手。[50] "我不再做自由投机者，而以佣金为生。不久，我就完全恢复了元气，甚至恢复得很好。仅仅3年后的1936年，我的收入就超过了15万法郎。这大概相当于12 000美元，按现在的购买力折算，肯定要翻20倍了，也就是 25 万美元左右。"[51] 不久之后，他又开始做自由投机者了。

科斯托拉尼的生意仍旧很好，但是新的危机又出现了。纳粹德国吞并了奥地利和捷克苏台德地区，战争一触即发。"在 1939 年 8 月 23 日《苏德互不侵犯条约》签订后，我就坚信，战争一定会爆发。"[52] 1939 年，科斯托拉尼处理了几个做空项目的收尾工作，并把自己的证券转移到了美国的银行保险柜中。"1940 年，在德国占领法国首都的前夕，我坐车逃往比亚里茨，在那里拿到了去西班牙的签证，然后从西班牙乘船去美国。"[53] 如科斯托拉尼所说，这一站又一站的中转不像流亡，却像是一场舒适的旅行。他借宿在好友或前女友家中，在餐厅和街边咖啡馆享受晚间时光，甚至还在圣塞巴斯蒂安看了一场斗牛比赛。

为了这次流亡（更确切的说法是旅行），科斯托拉尼做了万全的准备。他提前在美国的账户里存入了一笔在当时看来是巨资的款项——20 万美元。"他在旅行箱里藏了贵金属块，在腰带上拴了1 000美元的金币。他还随身带着成捆的法郎和美元的纸币。他成功走过了维希、比亚里茨、圣塞巴斯蒂安和马德里。"[54] 在西班牙的维戈港，他登上了"科米尔侯爵号"轮船，这艘船经停古巴首都哈瓦那，最终目的地是纽约。在历时两个月的轮渡后，他拿着旅游签证，终于到了纽约。

附记 | 投机者安德烈·科斯托拉尼

如果你在科斯托拉尼的巴黎时期（或者在这之后）问起他的职业，答案一定是："投机者和投资人，这就是我！"[55]

即便"投机者"这个概念在德语里被普遍认为是贬义的，科斯托拉尼仍以此自居。因为对他来说"投机者是富有智慧的、缜密思索的投资者，他们正确预测经济、政治和社会的走向，并试图从中赚取利润"。[56]

有趣的是，在这一点上还有一段关于科斯托拉尼的描述，这段描述出自德国电视一台。

在罗伯特·伦布克的晚间秀《我是谁？——欢乐职业猜猜看》中："他舒适地坐在摇椅上抽着雪茄，远离世界的喧嚣，安静思考。他的工具很简单，都放在手边：一部电话，一台电视机，现在应该还有网络设备和报纸。他有他的秘诀，他懂得见微知著。"[57] 现在请回答："他从事哪个职业？"答案一定是："投机者。"

不出意外，投机家、高产作家科斯托拉尼也在这个话题上发表过许多言论。我们在此简单列举几段：

"投机者是一个美妙的职业，充满想象，但也危机重重。人们可以造钱（不是赚钱），可以变得富有，但也会赔钱，甚至赔很多，赔到一夜之间一无所有。"[58]

"一位成功的投机者每投100次，可能有51次是赚的，49次是赔的。他必须在这个差值中求生存。"[59]

"许多人对投机者这个职业既羡慕又嫉妒，因为投机者似乎不用工作就能发财。也许这就是这个职业不受欢迎的原因，但这并不能影响我。"[60]

"天地良心，我不会建议他人去做投机者，但劝阻他人也同样没有意义。"[61]

"我从不掩饰自己投机者的身份。我甚至以此为荣。"[62]

流亡美国

（1940—1948）

　　与许多战时流亡的人不一样，科斯托拉尼的流亡"更像是一场舒适的旅行"[63]，汉斯－约尔格·库内在科斯托拉尼的传记中这样写道。虽然，科斯托拉尼常常要为自己的需求上下打点，比如，为了拿到汽油而不得不贿赂别人，但是，他绝大多数时间不需要自己操心，连车子也是让朋友，或者更确切地说，让司机来开，因为他开车并不熟练。

　　靠着强大的人际关系网，当他乘坐的船在纽约一靠岸，他就受到了巴朗·菲利克斯·冯·格利茨基的接待。这位好友带他见了他们共同的熟人——维勒罗侯爵，他是德国唯宝陶瓷创始人的一位叔叔。[64] "维勒罗一家很及时地搬到了美国，住在纽约的皮埃尔酒店。多亏了他们的照顾，我才能以每月 100 美元的价格住进皮埃尔酒店（现在的价格是每晚 300 美元）。[65] 皮埃尔酒店紧邻中央公园，至今仍是纽约最高端也最昂贵的酒店之一。"

有巨额财产傍身，科斯托拉尼到纽约后一切顺利。他广泛游历，尽享生活。"我从大西洋到太平洋，从北方一直到最南方。我唯一做的事就是博闻广见，也以此来消磨时光。我关注各种事件，当然也包括华尔街的新闻，我还会在每天晚上进行总结。"[66] 当他结束这段泛美之行回到纽约后，他开始感到无聊。"光是看书、听音乐、去剧院，这对我来说根本不够。所以我决定去找个工作，没有薪水也没关系，因为我用自己资产的利息就可以过得很好。"[67]

科斯托拉尼向许多经纪公司投递了求职申请，收到不少拒绝信。但一家很有名的经纪公司——高盛，邀请他进行了面试。"当时是瓦尔特·萨克森先生接待的我，他是一位很有魅力的老先生。他直接介绍我认识了人事主管。我向他们二位说明了我的情况和诉求。我为了逃离希特勒的统治，从欧洲而来，在资金上相对宽裕，这对一个年轻人来说已经相当不错。我不需要物质上的帮助，但非常想在高盛这样高端的平台上收获国际金融市场的广阔视野。"[68] 几天后，科斯托拉尼又一次被拒绝了。高盛的人说，他们并不想雇用一位青年富翁，他们只对有渴望、有干劲的员工感兴趣。"如果我是一个贫苦无助的难民，很可能就被录取了。"[69] 科斯托拉尼这样总结这段他人生中不太成功的篇章。

但是科斯托拉尼没有放弃。1941 年，他跟几个匈牙利朋友一起成立了约瑟夫 – 巴莱公司。公司主要从事应收账款保理业务。"我基本上只是出资人，经营由其他人负责。我把个人的事务抽离出公司，且没打算在那里干太久。"[70]

自然而然地，科斯托拉尼又开始投资——或更确切地说，开始投机。与在巴黎时期主要进行股票投机不同，这次，科斯托拉尼几乎把所有的钱都投在了期货上。"我当时带了很多钱来美国。我不想再买有价证券了。这个领域的火药味太浓了，所以我想，投资实物或许更明智一些。"[71] 他投了羊毛，它的现货价格高于期货行情。这笔交易是稳赚不赔的。"我以95美元的价格买入，持有期限为4个月。我一直持仓至到期日，最后以125美元的价格卖出。靠这笔神奇的生意，我过了两年好日子。"[72]

但是，科斯托拉尼在战争期间做的其他期货生意结果却并不如意。他投了一些自认为必不可少的战备物资，比如橡胶、丝绸、胡椒和锡，并坚信只要美国参战，这些物资就必定涨价。这些投机却失败了。因为他投机的物品，要么被纳入政府统一管理（橡胶），要么被其他物品替代（丝绸被新发明的尼龙取代）。[73] "就这样，二战的爆发让我损失了很多钱。"科斯托拉尼在多年后写道。

在美国期间，科斯托拉尼除了进行大宗商品期货交易，还投机定期债券。有一次，他冒险投了许多德军占领区的国债。"二战后，我作为一名投机者，迷上了那些贬值的国债。我相信，当市场上的阴云散去，一切将会恢复正常。"[74] 这一次，科斯托拉尼在经历了期货交易的巨大损失之后，重新取得了成功。"我买的国债都一个接一个地以不同的货币兑现了。共产主义国家的国债也以很合理的方式兑现了。"[75]

在 1941 年 12 月 8 日的珍珠港事件后，美国先是向日本宣战，几天后又向德国宣战。科斯托拉尼虽然还没拿到美国国籍，但是参加了征兵体检。"美国参战后，青年男性被要求参军入伍。我也去参加了征兵体检，并做好了参军准备。无论如何，我不想拿美国国籍这件事冒险。"[76] 但这一次，科斯托拉尼的入伍申请因为超龄被拒绝了（当时的年龄要求是 21—35 岁，而科斯托拉尼 36 岁）。

这段时期，科斯托拉尼结识了他后来的妻子汉茜。"许多男人都入伍去前线了。我也从中受益，遇到了我的第一任妻子，一个维也纳姑娘。她的前夫有美国国籍，所以她已经有了美国国籍。我跟她结婚后，也有了美国国籍。"[77]

欧洲战场的战争终于结束，科斯托拉尼和他的妻子，以及上千美国人一起在时代广场庆祝这一时刻。人们对这个期待已久的结局非常兴奋，科斯托拉尼也终于能回到他日思夜想的巴黎了。1946年夏天，战争结束一年后，科斯托拉尼和他的妻子回到欧洲小住了一段时间，之后又返回了美国。在美国待了两年后，科斯托拉尼回到巴黎定居。

身经百战的投机家科斯托拉尼知道，战后的交易市场蕴藏着巨大的机会。他抓住了这些机会。"战后这段时间是史无前例的机会期，你只要敢押注德国，就能大赚。"[78] 他在战时大量购入德国军事占领区的国债，战后以买入德国外债为主，也买了不少。"我所有的钱都用于投机，我还用尽了在瑞士银行的最高信用额度。"[79]（美国和联邦德国都没有针对这种债券的信贷。）科斯托拉尼对这次投机信心满满，以至于为此打破自己的原则：不为投机借贷。"我当时虽然坚信，用不了多久这些德国债券就会分文不少地兑现，但是我账户上的债务，那些危险的债务，还是让我一直感到不安。"[80] 最终，一切如他所料，科斯托拉尼"因德国外债的上涨而赚取了投机利润"。[81]

附记 | 享乐者、公子哥、演讲家

"匈牙利人是以及时行乐而闻名的民族。他们吃美食，喝美酒，享受美好生活。"[82]

"有些投机者沉醉于交易，视其他事情为浮云。这些人很可怜，因为他们的人生缺失了太多美好。如果我的人生没有了美食、美酒、美女和音乐，那将会多么单调啊。"[83]

"安德烈·科斯托拉尼总是尽情享受人生。听古典音乐、抽上等雪茄、思考交易市场，这些都会给他带来极大的满足。只有抽雪茄这件事，他后来因为健康原因放弃了。"[84]

科斯托拉尼做过很多场演讲。这个带着领结、令人尊敬的老先生总能以幽默风趣、别具一格的方式，用带有匈牙利风情的口音，富有魅力地讲述多彩的市场故事。只要听过一次他的演讲，你就会被他深深吸引。以下是几小段科斯托拉尼的自述，他常常乐于自嘲：

　　"我在服装搭配领域一向是专家。我曾在一次采访中简短地透露，我最棒的装备之一就是我的衣柜。"[85]

　　"我是广为人知的'咖啡厅业余选手'——这没什么奇怪的，因为咖啡厅是投机者非正式聚会的绝佳场所。"[86]

　　"有时候大家总是给我贴上'投资领袖'的标签——这是一个很大的荣耀，但我从来没当真。"[87]

　　虽然科斯托拉尼已经离开我们 20 多年了，但就像许多"蹩脚作家"一样，他活在他的书里，也活在网络上。科斯托拉尼 1997 年为奥迪公司拍摄过一个短片，我们如今还可以在其中看到他戏谑、嘲讽的风格。

重返欧洲

（1948）

正如我曾说过的，我非常看好第二次世界大战之后欧洲的发展前景。[88]

1948年，科斯托拉尼回到了巴黎。他在巴黎做经纪人，同时也做咨询工作。[89]战后，他继续活跃在交易市场。老道如他，很快发现了新的投资领域——封闭马克。1948年，德国货币改革，不仅发行了新货币德意志马克，而且还作为一种外汇强制措施，推出了封闭马克。货币改革后，所有以马克计价的海外财产在银行都以封闭马克记录。同时，所有外国人在德国的收入也会以封闭马克的形式存入封闭账户。"外国的户主只能用他们账户中的资金投资德国的动产、不动产或以其他形式为德国创造产值。"[90] 这种外汇强制措施一直持续到1958年，目的是保护新货币。科斯托拉尼很早就买入了封闭马克，当时还只能在种种严格的限制下以低价兑换德意志马克。"我和几个朋友一起，以12.5欧分的价格买入了大量封闭马克。8个月后，封闭马克的行情涨到了25欧分，与德意志马克持平。"[91]科斯托拉尼在这笔外汇交易上赚取了丰厚的利润。"封闭马克是一次经过深思熟虑且过程顺利的外汇投机……德国的未来很明朗，收益潜力巨大。"[92]

科斯托拉尼的另一块战后投机阵地在意大利。这个国家几乎没有遭受战争损失，可是境内的工厂还是停工了。原因是意大利外汇不足，无法采购原料。这个问题首先在纺织业得到了解决。意大利的纺织公司与美国的公司签订合同，从美国获取原料，以此重获新生。科斯托拉尼在《新苏黎世报》上看到，美国加利福尼亚州的汽车制造商凯撒－弗雷泽与意大利汽车公司菲亚特签署了类似的合同，他立即捕捉到商机。他奔向米兰，在重新开张的米兰交易所咨询投资经纪人，想知道意大利最糟糕的汽车股票是哪一只。这个问题让经纪人有些疑惑。经纪人告诉他是伊索塔—法拉西尼。据经纪人说，这家公司战前主要生产大型豪华轿车，现在已经濒临破产。科斯托拉尼马上购入了一份伊索塔—法拉西尼的股票"大礼包"，之后又追加了一些。伊索塔—法拉西尼在成功逆袭之后股价飙升，科斯托拉尼又狠赚了一笔。"我以 150 里拉的价格买入股票，在大约 1 500 里拉时出手，之后这只股票又涨到了 1 900 里拉。这是一个奇迹，却也很容易解释……意大利在汽车制造业享有良好声誉，也希望能继续保持。海外金主和实业集团层出不穷，他们仔细评估了意大利这个陷入低迷的产业，并为之重新崛起制订计划。伊索塔—法拉西尼选择了与其中一个海外集团重组机构，因此重获新生。"[93]

"我曾经在布达佩斯大学学习哲学和艺术史专业。毕业后，我游历纽约、伦敦和苏黎世，这些城市的金融世界如同广袤丛林，我在其中深造。目前，我在10个城市安家立业，说4门语言。我与亲爱的上帝说匈牙利语，与好友说法语，与银行家说英语，与我的学生们说德语。与女士们在一起时，我4种语言都说。"[94]

这段话表述得很清楚，科斯托拉尼一生游历全球，是一名世界主义者。童年时期，他的父母就带着孩子们去捷克的玛利亚温泉过暑假。冬天，他们全家去维也纳旁边的塞默灵度假。科斯托拉尼在拿到高中毕业证后，也去德国旅行过，之后他便长期待在巴黎了。居住在巴黎的时候，他频繁地去瑞士，每次在圣莫里茨待几天或几周。在纳粹统治下的逃亡岁月中，他横穿半个法国和整个西班牙。战争期间，他在纽约度过，战后又回到饱受战争洗礼的欧洲短期居住了一段时间。20世纪50年代初，他去南美旅行过两个月，在那里拜访了一些战争期间逃往南美的同乡。[95] 他在《巴黎新闻》当记者期间，经历了多种多样的海外旅行，最值得一提的是1960年陪同美国总统艾森豪威尔出访印度。

科斯托拉尼在战后购置了多处住宅。其中一处在他的主要居住地，也是他最钟爱的城市巴黎，还有一处在布达佩斯，一处在慕尼黑。除此之外，他还在法国地中海沿岸以自己的名字命名了一栋房子。[96]

第二事业：记者

（1957）

（记者）是我心底最喜欢的职业。我学习哲学和艺术史，就是希望以后能成为一名艺术评论专栏作家……当初那个藏在心底的职业理想最终得以实现。虽然在此之前，我也会时不时地给一些报纸撰稿。[97]

科斯托拉尼在巴黎的交易所学徒的时候，偶尔会给报纸和期刊写几篇时政文章。1939年，他的第一本书《苏伊士：一家公司的罗曼史》法语版问世。在这本书里，他批判性地描写了这家为给苏伊士运河融资而成立的股份公司。在美国期间，科斯托拉尼也时常为道琼斯集团发行的金融杂志《巴伦周刊》撰写文章。

科斯托拉尼以记者身份写的第一本书在 1957 年出版，书名是《美元和平》。他在其中写到了美国的中东政策：既向以色列人，也向阿拉伯人捐款，以此来保障和平。《美元和平》大获成功，这主要是因为科斯托拉尼邀请到当时的法国总理罗伯特·舒曼为他写了一篇序言。[98]

科斯托拉尼的这本书也引起了《巴黎新闻》的注意，《巴黎新闻》提出希望连载这本书。在接下来的几年里，科斯托拉尼为这家晚报撰写了大量评论文章。他还作为《巴黎新闻》的特派记者陪同美国总统艾森豪威尔访问了印度。"1960 年，作为记者陪同艾森豪威尔总统出访印度之后，我因感冒在新德里休息了一阵子。"[99] 为了表彰他在记者工作中对法美两国关系做出的贡献，法国总统戴高乐授予科斯托拉尼法国荣誉骑士勋章（可类比德国的联邦十字勋章）。[100]

不久后，科斯托拉尼的健康出了一些问题。"在《巴黎新闻》的工作结束后，我休息了一段时间。毕竟年龄不饶人。但是，我一点儿都不适应，生活实在太无聊了，阅读和听音乐根本不够我打发时间。我变得有些抑郁。"[101] 他咨询了苏黎世著名的心理学教授利奥波德·桑迪，教授建议他把自己最爱的事情——音乐和投资写下来。"就这样，我除了是专业投资人，又多了一个金融作家的营生。我虽然是一名音乐发烧友，但还没有专业到以音乐为职业。"[102]

不久后，科斯托拉尼写出了他的第一本金融作品。这本书用法语写成，书名叫《假如市场会说话》，销量非常可观。"我的第一本书《假如市场会说话》是用法语写的，1960 年通过亨利—戈费茨出版社出版，之后被翻译成了 7 种语言。随后，我又为《资本》杂志撰写专栏。那时，我已经不知道抑郁为何物了。"[103] 在科斯托拉尼看来，这本书在德国尤为成功，因为当时的德国图书市场上还没有这个主题的图书。"德国至今也不是一块炒股的热土。"[104]

在接下来的几年里，安德烈·科斯托拉尼陆续出版了一些书，介绍他作为投机者的经验。他一共著有13本金融作品，在德国通过不同的出版社出版，全球销量总和大约300万册。

1965年3月起，科斯托拉尼开始为德国经济杂志《资本》的月度专栏撰稿。他在专栏里怒斥金融诈骗组织，比如当时特别火的投资者海外服务有限公司（IOS），这家公司在20世纪70年代初破产。20世纪80年代，他批判"黄金说客"，并告诫大家警惕那些江湖骗子，他们利用折旧法和对冲基金套走大大小小储户的钱，为自己做嫁衣。在接下来的几年中，他细致地分析了新市场，并批判向投资者出售保本基金的银行。[105]

1995年，在被问到个人的最高成就属于哪个领域时，科斯托拉尼回答道："我的记者事业。我为《资本》杂志写专栏已经有30年了，而我的专栏是整本杂志里最成功的……不过，我的成就不仅仅在写作领域，我还是一名出色的演讲者。我还有一项成就是我的书，这本书已经被翻译成 7 种语言，截至目前卖出了 150 多万册。"[106]

"我的生命有尽头，但我的书将会存在下去。如果我的书能对后人有用处，我将由衷地高兴。"[107]

附记 | 趣闻逸事：科斯托拉尼生机勃勃的朋友圈

"我有许多朋友，包括世袭贵族、知识分子、非法小贩和江洋大盗。他们之中，富的人腰缠万贯，穷的人一贫如洗。"[108]

安德烈·科斯托拉尼在他的大量图书和专栏文章里介绍他的投机生涯，绘声绘色地讲述市场故事，阐释 20 世纪 20—30 年代的市场崩盘，痛斥 20 世纪 70—90 年代基金经理的系列骗局，批评金本位制、德国联邦银行（因为危险的货币政策）和新市场。

他的书妙语连珠，时常出现有趣的俏皮话。科斯托拉尼还经常在他的作品中讲述犹太传统故事，例如有关蓝先生（或者绿先生）、菲尔德法师、匈牙利女巫的故事。除此之外，科斯托拉尼

经常在他的作品里引用演讲家、文学家的话，如大加图、歌德、叔本华、威廉·布什和爱弥尔·左拉等。

科斯托拉尼是一个会讲故事的人。在他的记者生涯获得认可之前，他在讲故事方面已经实践很久了。然而后来，他越来越难以找到新鲜素材，于是书中也会偶尔出现老生常谈。

第三事业：市场的巡回宣传员

（1969—1999）

　　科斯托拉尼是广播和电视节目经常邀请的嘉宾。他因演讲次数多而自封为'市场的巡回宣传员'。他的演讲生动活泼，经典名言和幽默笑话频出，鼓舞人心，老少皆宜。尤其是在大学里，他非常乐意免费为同学们做讲座。[109]

　　为股票的流行做出这么多贡献的人，在德国，除了我别无他人。[110]

　　20世纪60年代，科斯托拉尼参加了一个巴伐利亚抵押银行的活动，主题是新海外投资策略。科斯托拉尼在他的书和《资本》杂志的专栏里批判过海外对冲基金和贝尔尼·科恩菲尔德的投资者海外服务，在一个报告的结尾，他又提出了一些质疑。会议结束后，一个参会者走向了他。"活动结束后，戈特弗里德·海勒与我交谈，他建议我创办'科斯托拉尼市场研讨班'。我认为这个建议很好，后来我们付诸了实践。"[111]

就这样，1971 年，科斯托拉尼成为戈特弗里德·海勒创办的菲杜卡资产管理咨询公司的合伙人。1974 年，第一期由菲杜卡组织的全天的科斯托拉尼市场研讨班开办。这个研讨班在它的冠名者去世多年后，至今仍在菲杜卡资产管理咨询公司的组织下定期举办。科斯托拉尼产生了兴趣，之后便一发不可收拾，在投资和金融领域做了很多报告。他把宝贵的财富经验通过公司、大学和电视节目（比如《哈拉德·施密特秀》和《市场连线》）传播给大众。即使已经过了 30 多年，很多人对科斯托拉尼在明斯特大学的一场演讲仍然记忆犹新。那场演讲的内容丰富多彩，非常有趣，包含很多交易市场上古老的故事和奇闻逸事，让听众听完也忍不住想尝试一次投机。

科斯托拉尼活到老，做到老，即使上了年纪之后仍在写书、演讲。"我们组织了大概100期研讨班（总计约15 000位听众），在大学、银行和公司（从美国银行到德意志银行，再到区域储蓄银行，从国际商业机器公司到杜邦、德利多富、阿克塞尔－斯普林格，再到某狗粮供应商）举办的大量演讲中，我被听众提过几千个问题。"[112]

在1995年面世的图书《科斯托拉尼的未来报表》中，科斯托拉尼表示，他不会再活跃于投机舞台。"我现在是一名普通的个人投资者，我计划保留现有证券，未来只会考虑在此基础上增持。我曾经是投机者的一员，这个群体尝试追逐中期趋势，在低迷时期认真观察市场。投机者尽心竭力，以求低价买入，高价卖出。"[113]

在这本书里，科斯托拉尼以他一贯的幽默风格谈道，死亡这个问题时不时会出现在他的脑海里：
"现在我有些害怕，全知全能的神在视察人间并将视线投向市场的时候，会发现我。'什么？'他很可能会想，'这个老科斯托还在这儿呢？他得上来，他肯定能为我所用。他的老朋友们都在等他呢，他们还特意给他在聚会里留了个位子。'"[114]

1999 年 9 月 14 日，安德烈·科斯托拉尼因肺炎在巴黎逝世，享年 93 岁。他葬在拉雪兹神父公墓，这里也是艾迪特·皮雅芙、弗里德里克·肖邦、奥斯卡·王尔德和吉姆·莫里森最后的安息之所。他的葬礼只有 20 人出席。他的朋友和生意伙伴戈特弗里德·海勒宣读了悼词。[115]

这位伟大的投机家最后的愿望是给《资本》杂志 2000 年一月刊再写一篇专栏文章。这个愿望最终没有实现。

　　关于他是否信教这个问题，科斯托拉尼在一本书中做出了解答："我信上帝，是的。虽然我破产过几次，但敬爱的上帝总让我重新崛起。一个真正的投资家是不倒翁。"[116] 科斯托拉尼幼时接受了天主教洗礼。他的父母都来自犹太家庭，但很早就改信天主教了。科斯托拉尼在一些场合说过，他其实跟犹太教没什么关系，但是他从不否认家族的犹太血统，并与以色列有强烈的情感纽带。"在德国占领匈牙利并实行种族隔离之后，我就被认定为犹太人了。"[117]

第二部分

**安德烈·科斯托拉尼
的成功业绩**

比如说，我是凭借债券交易获得的投机上的成功。[118]

投机者科斯托拉尼活跃在市场 70 余年，在此期间，他做了大量投机生意。他赚取过巨额利润，但也多次陷入亏损。"没在市场上破产过两次的人，不是真正的投机者。这可不是随便说说的。"[119]

科斯托拉尼从未透露过他的具体业绩数据，因此我们只能对他最成功和最失败的投机案例进行总结。有些案例前文已经讲过了，我们将在这一章节补充几个精彩的股票和债券投机案例。

在全球金融危机中令人瞩目的做空成就

他在职业生涯之初就大获成功，因为他在1920年年末作为做空者把钱押在了市场的下跌上。他在轰动一时的乌斯特里克集团、狄维尔德和克鲁格的破产中赚了很多钱。他并没有透露在每一笔做空交易中所赚的具体金额。但是他曾披露，20世纪30年代初他在巴黎市场上赚取的收入足够让他在25岁时就舒舒服服地退休了。不久之后，市场行情回升，科斯托拉尼却很快破产了，他的家门也被贴上了封条。

战争期间高收入、高损失的期货生意

20 世纪 40 年代，科斯托拉尼在期货生意中赚取了丰厚利润。他以 95 美元的价格购买了合约期为 4 个月的羊毛期货，4 个月后以 125 美元的价格卖出。他从来没有说过他具体买了多少份合约，但可以肯定的是，这笔收入足够他过两年好日子。但是，同一时期，他在橡胶、丝绸、胡椒和锡的期货上遭受了巨大损失，这些至少抵消了一部分他在羊毛期货中的收益。

战后的德国国债大赢家

1946 年，在科斯托拉尼从美国返回巴黎之前，他就大量买入了欧洲国债。这些国债在战后都高价兑现了。他账面最高的一笔收入来自利率为 5.5% 的杨格债券，是在 1930 年以法郎兑现的。

"德国已是一片废墟，失去了支付能力。但是，我相信德国人的品质和康拉德·阿登纳的能力。我几乎可以确信，德国总有一天会还清债务。阿登纳是一位伟大的政治家，他的伟大超出我们的预期，因为他还清了用法郎计价的杨格债券，就像用美元或英镑还款一样。法郎在战争中完全贬值了……对我来说，这意味着一笔相当于投入的 140 倍的收益。"[120] 具体来说，科斯托拉尼在 1946 年以 250 法郎的价格买入了杨格债券，在之后以 35 000 法郎的价格卖出。"以收益额来衡量,（德国杨格债券）是我最大的一笔投机生意。"[121]

来自克莱斯勒股票的巨大收益

    科斯托拉尼也在美国的汽车制造商克莱斯勒的股票上做过一笔巨大的投机交易。"我以 3.5 美元的价格买入克莱斯勒股票，之后卖出了一半。剔除股票分割的影响，我的卖出价是 105 美元。剩下的一半我持有至今，价格应该在 120 美元上下。"[122] 以收益率来衡量，克莱斯勒股票是他最成功的一笔投机生意，科斯托拉尼曾这样说。

第三部分

**安德烈·科斯托拉尼
的策略与原则**

我的建议不是基于国民经济学的课程，而是基于个人经验。我对经济和金融的一点儿知识，不是从学校或者书本上得来的，而是在市场丛林中学到的。[123]

　　我的观点和建议都在我的书和演讲里。[124]

　　科斯托拉尼在他的书和演讲中穿插了许多有趣的小故事。另外，他总是根据自己的经验为读者和听众提供策略性建议，告诉他们如何布局自己的投资。在阐释时，他或是利用直观的图像，或是给出巧妙的隐喻，冲击感强烈，让人们久久不能忘怀。

"科斯托拉尼的鸡蛋"模型

　　用歌德的风格来表述：卖出吧，当呼声冲上云霄；买入吧，当市场绝望地等待死亡。[125]

　　当坚定的悲观主义者变成了乐观主义者，人们就必须退出市场了。[126]

　　一位经验丰富的投机者的全部市场行动都致力于实现一个目标：尽可能地在鸡蛋的底端买入，尽可能地在鸡蛋的顶端卖出，尽量避免在中间操作。[127]

　　科斯托拉尼最著名的理论当属"科斯托拉尼的鸡蛋"模型（如图1所示）。科斯托拉尼用鸡蛋的形状比喻市场周期，并给出结论，告诉投资者应该在什么时候买入，以及应该在什么时候卖出股票或其他投资品。[128]

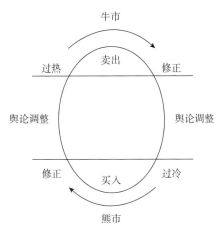

图1　"科斯托拉尼的鸡蛋"模型

科斯托拉尼把市场从牛市到熊市的走势分为三个阶段：修正、舆论调整、过冷。市场一进入过冷期，投资者就可以买入了。反之，如果市场进入过热期，投资者就应该选择卖出。

买入股票或其他投资品的理想时机是熊市的最低点，也就是鸡蛋的最底端。在这个时间点上，市场行情最低迷，经过了长期的下跌，将会进入（积极的）修正期，转而持续上涨。

接下来是（积极的）舆论调整期。金融新闻中的坏消息被好消息取代，更多的人重回股市。

再接下来是过热期，在这个阶段，行情和市场上的成交量持续加速上涨。在科斯托拉尼看来，聪明的投机者在这时就要抛售他的第一只股票并赚取利润了。当行情攀升到鸡蛋的最顶端，最佳抛售时点随之到来。"正是这个时间点，当人人都在谈论市场时，是必须离开市场的时候。"[129] 安德烈·科斯托拉尼这样说。

接下来是修正期。下行的行情伴随着低迷的成交量，标志着市场逐渐降温。这也是聪明的投资者抛售股票的最后时机。

之后，是（负面的）舆论调整期。这段时期，金融新闻中负面信息的报道量增多，行情开始加速下跌。

接下来，市场进入过冷期。深深的焦虑笼罩着市场，进一步影响行情。"行情如秋日的落叶一般下落。伴随着恐慌，人们开始抛售手中的投资。"[130]在过冷期，聪明的投机者又会行动起来，买入股票和其他的投资品。

实用建议｜熊市买入，牛市卖出

理想的进入股市的时间，也就是买入股票的时间，是熊市的最低点，也就是"科斯托拉尼的鸡蛋"的最底端。反之，最佳的抛售时间是行情到达"鸡蛋"最顶端的时候。抓住最高点和最低点只是意外情况，科斯托拉尼自己也深知这一点，他说过："没有哪个幸运儿总是能在最高点卖出，在最低点买入。"[131]

无论如何，在水深火热的市场危机中，比如在2003年的新市场泡沫、2008年的金融危机，抑或是2020年的新冠肺炎疫情时期，投资股票或其他证券是非常值得的。因为有一点很确定：至今为止，每次熊市后总会出现牛市！

关于买入和卖出股票，科斯托拉尼在他的书中给出了更多建议：

"传统的投机法则要求，当你因为一种投机冲动而无法入眠时，你就必须做出行动。"[132]

科斯托拉尼建议，要有规律地检查自己的资产情况，且检查时要扪心自问："如果我此时没有持有这项资产，我会选择买入吗？"如果答案是肯定的，那么请务必小心保管好它。如果答案是否定的，就必须立即抛售。人们必须有意识地管理自己的资产。[133]

"有一种市场状态是非常不好的预兆，那就是：人们的日常谈话总是离不开市场，而且越来越多的人，特别是名不见经传的小人物们也在搜寻投资建议。"[134]

"我们应该在萧条时期买股票吗？是的，因为在萧条时期，政府会刺激经济，减少利息，增发货币，而市场是第一受益者——比整个经济环境还要提前受益。因为钱是市场的氧气。"[135]

"人们不能迷恋股票，当危险信号出现时，要能很容易地从中抽身。"[136]

"市场经历小起伏，大趋势不会变。当行情持续上涨或下跌时，转折点就不远了。"[137]

"遛狗的先生"定律

经济和市场虽然不可能总是并肩而行，但这并不意味着二者形同陌路。[138]

即使行情波动起伏，投资股票长期来看也是一门好生意。对于这一点，科斯托拉尼有一个精妙的比喻：遛狗的先生。先生在公园的石板路上径直前行，而狗一会儿钻到右边的灌木丛中，一会儿又跑到左边奔跑撒欢儿。二者最终都抵达了终点：先生走的是直线，狗走的是"之"字形路线。

在这个比喻中，先生代表经济的整体走势，狗代表市场，或者准确地说，市场行情。经济在

1930—1933年的大萧条后持续上涨。其间有那么一两次，要么停滞一阵子，要么倒退一点儿。而市场在上涨的过程中经历了上百次上下浮动。[139]

"遛狗的先生"这一比喻还有另一种解释：先生代表一家公司的价值，狗代表这家公司的股价。先生的动作相对来说变化不大，而狗却时常来来回回地跑动。狗和先生有时会相遇，代表股价和公司的真实价值相吻合。这说明，股价有时太高，有时太低，但这种状态不是长久的，股票价格总是要回归到真实价值。

实用建议 | 相信未来

科斯托拉尼想要通过"遛狗的先生"这个比喻，让广大投资者鼓起勇气。市场时常出现强烈波动，这是正常的。全球经济在过去的10年里持续增长，而市场即便有所波动，长期走势也会遵循这个趋势。新冠肺炎疫情这样的外部冲击只会在短期内影响全球经济和公司的价值。这一点在各国的股票指数上可以有所体现。

成功四要素

　　硬汉要有"四力"，除了自身具备财力、脑力、耐力，当然还需要"神力"相助（这一点是显而易见的）……缺少前三者中的任何一个，硬汉都会变成懦夫。没有金钱，就不会有足够的耐心。拥有金钱却没有想法，也不会有耐心。即使拥有金钱和想法，缺乏耐心，所拥有的也不会长久。[140]

　　要在市场上取得成功，聪明的投机者（科斯托拉尼称之为"硬汉"）需要具备金钱、想法、耐心和运气。科斯托拉尼所说的这四个成功要素来自普鲁士陆军元帅赫尔穆特·毛奇，原指在战场上制胜的四个基本前提。[141]

金钱是指自有资金，而非外部资金，科斯托拉尼特别强调这一点。根据资产类型，比如期货，投机者在投入的资金之外，还需要有储备资金。当需要提高保证金时，储备资金的重要性就会显现出来。科斯托拉尼还提醒道："永远不要融资买股票！"[142] 然而他给这条铁律设定了一种例外情况："只有一种人可以融资炒股，这种人还有其他的、更大宗的资产，其价值远远超出他们的负债。"[143]

科斯托拉尼自己也承认，他的几次破产和大型损失，主要源于由负债投机而导致的资金缺口。"当我负债交易时，我也经常遭受损失。在这些情况下，我算不上硬汉投机者，因为我缺少了'四力'中的一个——财力。"[144]

按照科斯托拉尼的说法，想法是投机者的观点或信念。一个成功的投机者绝不可以没有计划，必须在开始之前进行充分思考，并坚持自己的想法。

"有想法的人做事情往往非常明智。最终的结果并不重要，深思熟虑、具有前瞻性是关键。"[145]

耐心是另一个非常重要的投机成功要素。"投资者要有良好的心理素质，当一只股票的价格跌到买入价的80%的时候，也不要灰心丧气。"[146] 与许多其他传奇投资人相似，科斯托拉尼为耐心这个因素赋予了非常重要的意义："耐心也许是市场上最重要的成功要素，而耐心缺失也是人们最常犯的错误。"[147]

有一个被科斯托拉尼经常使用的段子很好地说明了耐心对于投机者的重要意义："我前所未有地大力呼吁大小投机者，让他们购买股票。然而，他们得在买入前先吃点儿安眠药，然后睡得不省人事。这样，他们就可以屏蔽中途的市场风暴，而正是这些风暴会让他们惊慌失措，等不到牛市就早早地把股票都抛售掉了。"[148]

最后，关于如何成为一名成功的投机者，科斯托拉尼认为当然也需要运气（这一点是显而易见的）。[149]

　　只有四要素兼具的人，才能在市场上获得成功，或者，才属于科斯托拉尼口中的"硬汉"。缺少任意一个要素的人都是所谓的"懦夫"，他们无法成为成功的市场参与者，注定要面对失败的命运。请永远不要借贷投资，投资前一定要充分评估投资对象，要对自己的投资保持耐心，不要遇到一点儿小损失就急于撤资。对于第四个要素"幸运"，我们无法给出标准答案。建议先做好周全的准备，然后迎接幸运的到来。

$2 \times 2 = 5 - 1$[150]

目的终会达成，但成功之路永远不会一帆风顺。[151]

我的信条是，一开始也许会发生一些意料之外的事，但最终的结果总是合乎逻辑的。或者说，2 乘 2 有可能先等于 5（这是错误的），之后再减 1（这样，所有事情都对了）。[152]

通过这个乍一看似乎无关紧要的公式，科斯托拉尼想让大家注意到，投资之路不会总是一条直线（如果这样的话，2 乘 2 就会直接等于 4），因为这样或那样的小事，投资之路常常会看起来迂回蜿蜓，不过，它最终总会通向目的地（5减1等于4）。

对于科学计算，比如桥梁统计学中的计算，必须要采用直接的算法。但是市场投机与之不同，科斯托拉尼认为，投机不是科学，而是艺术。所以，必须要将各种预料之外的小事（不确定因素）考虑进来。投机者必须有良好的心理素质、足够的耐心，最重要的是充足的金钱，并且能够坚持到底，直到那个一定会来的"减1"到来。

实用建议 | 将不确定因素纳入考量

在进行一项经过深思熟虑的投资时，你不能被外界的不确定因素打乱阵脚。当市场发展不同于预期时，请展现强大的心理素质，并保持耐心，最终你一定会实现目标。请注意，科斯托拉尼提醒过，投资者必须要认真研究并真正理解这些突发情况。"如果经过判断，你认为这只是一场暂时的风波，那么就保持定力，竖起耳朵。但是，如果真的发生了基础层面的大变动，比如战争，重大政治、经济、金融决议，政权变化等未曾预料的事情发生，必须要当机立断。紧急情况下，哪怕昨天还视若珍宝的东西，今天也要果断放弃。这就是说，一个投机家必须随时准备好放弃已经成形的想法和计划。"[153]

趋势 = 金钱 + 心理

金钱和心理两个因素造就了市场趋势，其影响力远胜于基础事实。[154]

最迟再过 12 个月，行情就会随金钱而动。所以，在央行大幅提高基准利率后，行情回落只是时间问题。[155]

科斯托拉尼认为，市场行情的发展趋势在很大程度上由两个因素决定：金钱和心理。"当金钱和心理这两个因素都处于积极状态的时候，行情就会上涨。二者都处于消极状态时，行情下跌。如果二者之中，一个积极，一个消极，那么市场不会有什么大波澜，只会平淡、无趣地发展。"[156]

科斯托拉尼称金钱为"股市的长生不老药"。[157]他曾写道："金钱之于市场，就像氧气之于呼吸、汽油之于发动机。"[158] 市场上的金钱充足与否，取决于央行的相关政策。如果央行降低基准利率，现金的价值就会变低。国债或隔夜拆借之类固定利率的投资，在低利率时期是不明智的，因此，投资者会更倾向于把钱投入股票市场或其他市场。综合这些情况，科斯托拉尼总结出了一条重要定律："利率下降，必须投资，这一点几乎没有例外情况。"[159]

除了金钱，心理也是决定市场趋势的重要因素。科斯托拉尼认为，心理是大众对股票市场的总体认知与态度。"如果大众的心理状态都是消极的，没人愿意购买股票，市场行情就不可能上涨。"[160] 金钱因素可以通过当前的基准利率进行测算，心理因素却是不可测算的。"要想提前 30 天掌握大众的心理变化趋势，你必须变成先知。"[161]

从这个角度看，科斯托拉尼与本杰明·格雷厄姆、沃伦·巴菲特以及彼得·林奇这样的价值投资者有明显的区别。价值投资者的买卖决策很大程度上取决于公司的基础数据。（比如市盈率、市净率等财务指标或公司的内在价值）。"我的观点是，比起基础事实，金钱与心理两个因素对市场中期趋势的影响更具有决定性。其中，金钱明显是占主导地位的。"[162]

实用建议 | 利率下降时，请购买股票

　　如果欧洲中央银行或美联储降息，那么这说明是时候投资股票了。利率下降会使固定利率的证券，如国债，不再具有吸引力。如此一来，股票便会更具吸引力。即使在降息的时期股市仍不被看好，大众心理（市场参与者的预期）也会追随金钱这一主导因素趋于积极。"如果大量的剩余资金进入金融循环，按照我的经验，其中的一部分资金最多再过9—12个月就会流向股市，哪怕大部分投资者对股票持消极态度。"[163]

自上而下策略

我是一个宏观趋势预判者。这就是说，我首先预判全球资本市场的整体趋势，以此为接下来的所有判断打下基础。我先判断全球情况，然后是各国情况，接下来寻找前景广阔的行业，最后分析具体项目的价值。[164]

谈及如何筛选优质投机项目（比如股票、债券或大宗商品），科斯托拉尼与另一位传奇投资人吉姆·罗杰斯[165]一样，是自上而下策略的代表。运用这种策略的投资者会首先进行宏观分析（比如一个国家的经济状况、未来的朝阳产业、某种大宗商品的整体需求），然后再进行微观研究，寻找投资机会。价值投资者，比如传奇投资人沃伦·巴菲特[166]、查理·芒格[167]、本杰明·格雷厄姆[168]、彼得·林奇[169]和约翰·邓普顿[170]，他们与科斯托拉尼相反，是自下而上策略的典型代表，他们的投资决策主要基于公司的基础数据。

> **实用建议 | 运用自上而下策略，筛选正确的股票**
>
> 关于投资者如何运用自上而下策略筛选优质股票，科斯托拉尼在《大投机家》[171]中提供了行动指南。

1. 预判整体趋势

关注经济（比如报纸、网络新闻和经济研究机构发布的报告），研究经济发展的整体趋势。同时，也要关注市场指数，比如德国 DAX 股票指数和其他国际交易市场指数。除此之外，还要随时紧盯利率形势。

如果对当前经济的预判是消极的，那么市场将会进入熊市。同理，如果央行提息，固定利率投资产品比股票更受欢迎，也会导致熊市。"如果整体趋势下行，只有极少数的股票可以成为例外。"[172]所以，当舆论骤变，极有可能出现熊市时，投资者应该撤出市场，然后等待好转的信号。

2. 寻找朝阳行业

当市场中出现第一个行情利好的消息时，就可以着手寻找最具增长潜力的行业了。注意观察未来前景向好的新兴行业，比如可再生能源、新能源交通工具、人工智能等。

3. 筛选股票

下一步，仔细观察活跃在你所选定的成长市场的公司。找出最有发展潜力的公司，然后购买它们的股票。

4. 捷足先登

执行决策时要有前瞻性。就像谚语所说，"早起的鸟儿有虫吃"，发现了具备上涨潜力的公司，就要尽早投资。如果能够赶在大批资本涌入之前，投资那些在成长市场表现活跃的公司，就能够以低价获利。用科斯托拉尼的话说："投机者必须要尝试比大众更早地识别出成长市场。只有这样，才能有机会以合适的价格进入市场。"[173]

如何在低迷时期赚取利润

　　"做空者被上帝所不齿，因为他们觊觎他人的钱财。"市场教义这样说。[174]

　　我建议新手投机者尝试做多，不要做空。[175]

　　科斯托拉尼的第一个大的投资成就是 20 世纪 30 年代在巴黎市场取得的。美国时间 1929 年 10 月 24 日，星期四，华尔街大崩盘，因为时差的原因，这一天在欧洲被称为"黑色星期五"。一天之后，全球经济和股票市场跌入谷底。这场持续很久的大萧条最终演变为全球性金融危机。正是在这个时期，科斯托拉尼以做空者的身份开始了他的投机。他的具体做法是这样的：用支付担保金的方式短期借入股票，担保金的金额相对于股价来说不值一提。然后，他把借入的股票以当时的价格出售。几天后，行情下跌，他再以新的市场价买入同等数量的股票，然后将这些低价买入的股票还给出借人。科斯托拉尼通过做空交易狠赚了一笔，然而，巴黎市场在 1932—1933 年恢复，他因此迅速破产，破产的速度和当初暴富的速度不相上下。也许是因为这次巨大的亏损，也许如他自己所说，是因为火柴大王伊瓦·克鲁格的自杀，科斯托拉尼此后"金盆洗手"，放弃了做空投机。"扫罗变成了保罗。"[176]

实用建议 | 非专业人士不要轻易尝试杠杆交易

杠杆交易，比如股票做空或者借贷购买期货，都可能带来巨大利润。投资者只需要付出很少的代价作为担保，就有可能（如果一切顺利）赚取数倍于投资本金的利润。这种资金翻倍的现象被称为杠杆效应。但是请注意，如果事情的发展不遂人愿，比如做空的股票价格上涨，杠杆就会倾向另一边。也就是说，杠杆交易的损失也可能比投资本金高出数倍。在这种情况下，杠杆会对投资者非常不利，甚至可以毁掉一个人的全部财富。

　　如果你仍然希望在杠杆交易中碰碰运气，我们建议你在投资前要非常认真地了解清楚什么是杠杆交易。你可以阅读本系列图书中关于吉姆·罗杰斯的那本。一些经纪公司提供在线投资杠杆服务，你也可以在这些公司的网站获取一些相关信息。

逆势而行策略

> 市场上没头脑的人特别多，因此造成这样一种结果：聪明的投机者应该按大众意见的反方向投资，也就是逆势而行。[177]

科斯托拉尼反复强调，他在市场上最大的成功就是靠逆势而行取得的。他在"黑色星期五"前夕做空，尽管那时的市场仍一片繁荣。科斯托拉尼还买入过德国国债，而当时的德国一片萧条，能否偿还债务不得而知。他投资了几乎没有偿还能力的克莱斯勒集团，因为他坚信这家公司会扭亏为盈，而他自己能从中大幅获利。科斯托拉尼也由此建议投资者，在市场过冷、其他人还在抛售证券时，就应该开始买入了。因为根据"科斯托拉尼的鸡蛋"模型，好时机迟早会来临。

实用建议｜逆势而行，拒绝跟风

　　如果说本系列图书所介绍的 7 位传奇投资人有一个共同点，那么一定是逆势而行，不盲目从众。这种做法是有道理的，因为从众的人也只能获取平均水平的成功，所以，不如寻找一条与众不同的道路。投资者要着眼于未来，找准朝阳产业，赶在大众行动之前出手投资。你可以投资危机中的传统公司，如果你有可信的证据，并相信它们终将逆袭。利用危机，以便宜的价格买入有潜力的绩优股。

清单

**科斯托拉尼的 10 条
准则与 10 条戒律**

科斯托拉尼在他的著作《股市神猎手》[178] 中提出，投机必须遵守 10 条准则与 10 条戒律。

人们如果听从这些建议，并在买入、卖出或决定继续持有一项投资之前，对照清单检查一遍，那么肯定能省一笔学费 [179]。

10 条准则：

1　凡事有想法，做事动脑筋。在投资前先思考，这笔投资有必要吗？如果有必要，那么，它处于哪个行业，属于哪个国家？

2　保持资金充足，不让自己陷入困境。

3　保持耐心，因为事情总是不断变化，而变化又总是出人意料。

4　一旦认定是正确的事，就要坚持到底。

5　懂得变通，时刻反思自己的想法是否可能是错误的。

6　若形势有变，立即抛售。

7　时刻关注价值变化，判断自己当下需要购买什么。

8　只投资有前景的项目。

9　考虑所有危机，无论这些危机发生的概率有多小。也就是说，时刻考虑不确定因素。

10　无论觉得自己的决策多么有道理，都要保持谦逊。

10 条戒律：

1 不要盲从他人的建议，打听小道消息。

2 不要相信人们知道自己买入或卖出的原因。也就是说，不要认为别人知道的比自己多。

3 不要试图赚回损失。

4 不要沉湎于过去。

5 不要只躺在证券上睡大觉，妄想行情会变好。也就是说，不要在买入后停止决策。

6 不要持续不断地跟踪行情的每一个微小变动，对每一个小波动都一惊一乍。

7 不要不停地记账，过度关注每一笔损益。

8 不要只有在有利可图时才卖出。

9 不要被个人好恶左右情绪。

10 不要被利益冲昏头脑。

术语表

股票

以书面确认的形式证明股份公司股份的一种有价证券。股票的所有者（股东）是股份公司的出资人。股份公司通过向股东出售股份来筹集股本。

股票基金

由基金经理管理的一种专门投资于各种股票的基金。股票基金中的股票可以在资本市场上进行交易。除了股票基金，还有房地产基金、养老基金和混合基金等。

股票指数

显示一个股票市场或一组股票价格表现的指示数字。

德国最著名的股票指数是 DAX 指数，显示了德国30 家最大的上市公司的股价表现。DAX 指数诞生于1988 年 7 月 1 日。其他德国股票指数有 MDAX 指数、SDAX 指数和 TecDAX 指数。美国著名的股票指数有道琼斯工业平均指数（诞生于 1897 年）和标准普尔500 指数。日经指数追踪 225 家最重要的日本公司的股价表现。

债券

一种具有固定期限的有价证券，收益方式通常为固定收益。发行债券的目的在于筹集外部资本。在债券期限结束时，债券发行机构将按照债券的面值偿还资金，利息通常每年支付一次。发行债券的主体可以是公司、各级政府、银行等。

套利交易

一种利用时间和（或）空间方面的价格差异获取收益的交易形式。比如，如果同一只股票在多家证券交易所的价格不同，那么投资者可以在价格较便宜的证券交易所购买，然后立即在价格较高的证券交易所出售。然而，随着在线交易的普及以及市场透明度的不断提高，套利交易在证券交易中的意义已经越来越小。

熊市

股市长期低迷的阶段。

资产负债表

在企业管理中，资产负债表被视为一家公司在特定时间点（资产负债表日）的资产和负债的比较方式。资产负债表的资产栏提供有关资产构成的信息，而负债栏则记录资金的来源（融资）。

证券交易所

股票（或其他金融商品）交易的场所。国际上知名的证券交易所有纽约证券交易所、伦敦证券交易所和东京证券交易所等。

自下而上策略

自下而上策略的倡导者专注于对公司本身及其股票进行分析，在制定购买决策时不受宏观经济趋势和市场预测的影响。自下而上策略的代表之一是约翰·邓普顿。

经纪人

指为客户购买和出售股票的人，以及为客户管理证券并执行相应订单的存款银行，通过电话、传真或互联网接受和处理客户订单的直销银行等金融机构。

沃伦·巴菲特

一位美国价值投资大师，生于 1930 年 8 月 30 日。他是著名的投资公司伯克希尔－哈撒韦的创始人，该公司的 A 股是目前为止世界上最昂贵的上市公司股票。

牛市

股票价格长期持续上涨的时期。

现金流

衡量一家公司的流动性的财务指标，指一家公司的现金流入和流出之间的差异。

图表分析

也称技术分析，指的是借助股票历史与当下的价格走势对其未来走势与发展情况进行评估和推断。

逆向思维者

指不循规蹈矩、逆流而上、逆周期而行的人。安德烈·科斯托拉尼作为逆向思维者，曾因逆势投机大获成功，特别是在 1929 年，他做空市场，以此赚取了高额利润。

账户

存放股票、基金、权证等有价证券的托管账户。账户由银行和金融服务机构进行管理。

德国 DAX 股票指数

由 30 只最大、销售情况最好的德国股票组成，被视为德国股票市场发展的引领性指数。德国 DAX 股票指数是一个业绩指数，也就是说，公司资本和股息的变化都包含在该指数的计算之中。人们会对 DAX 30 指数的组成定期进行检查并在必要时进行修正。

股息

股份公司在股东大会上做出的利润分配决议。就德国股份公司而言，这些被分配的利润通常会在股东大会召开之后的第三个工作日支付给股东。在德国，股息通常每年支付一次。在美国，股息通常每年支付 4 次。除此之外，股息支付还有一个很重要的因素是股权登记日，即股东必须在某一特定日期或该日期之前在自己的账户中持有该公司的股票。

财务指标

用于评估公司经济效益的比率，如股息收益率、自有资本比率、自有资本收益率、市盈率、市净率、市现率、市销率等。

基金

源于拉丁语，原意是土地、土壤。在经济领域，指为一定目的而设立的具有一定数量的资金。

基金经理

投资基金的管理者被称为基金经理，其职责是尽可能地利用基金的资产进行安全、高收益的投资。基金经理在投资条件、投资原则和法定投资限额的框架内做出投资决定。最成功的基金经理有彼得·林奇、约翰·邓普顿。

基本面分析

指根据基本财务数据对股票或公司进行的分析，例如评估其自有资本比率、市盈率、股息收益率等。基本面分析需要对公司的财务指标进行计算和阐释，它的另一个变体是价值投资。

期货

约定在未来某一特定日期以特定价格购买或出售特定数量商品的合约。股票期货也被称为金融期货。根据合约标的（即基础资产，如股票、小麦或镍）的不同，期货可区分为金融期货和大宗商品期货。

本杰明·格雷厄姆

生于 1894 年 5 月 9 日，逝于 1976 年 9 月 21 日，美国经济学家、投资者。他与大卫·多德一起，在纽约哥伦比亚大学提出了基本面分析的概念。他的学生包括后来创造了股票市场传奇的知名投资者约翰·邓普顿和沃伦·巴菲特。

做多

在交易市场中通过押注市场涨势，建立多头头寸以在牛市获利。

杠杆产品

通过使用外部资本，金融工具的回报率可以被杠杆化（即放大）。在投资领域，杠杆化可以通过金融衍生品实现，例如期货、期权或差价合约。如果标的资产的价格走势向预期的方向发展，投资者的收益就会被杠杆放大。如果情况相反，投资者的损失也会被杠杆放大。

对冲基金

一种采用对冲交易手段的投资基金，投资政策相对宽松，操作方法相对自由。对冲基金经常投资于金融衍生品，这些金融衍生品的杠杆效应既可以使投资者获得更高的利润，也让投资者承担了更高的损失风险。

不确定因素

不确定因素对投资的影响是完全不可预知或仅可以部分预知的。比如：战争、自然灾害、火灾、流行病、暴乱等。

投资基金

一种通过公开发售基本份额募集资本进行投资的基金。根据资产类别的不同，投资基金可分为股票基金、房地产基金、债券基金等。此外，还有投资于多种资产类别的混合型基金和投资于其他基金份额的基金中的基金（FOF）。

投资基金分为由基金经理管理的主动管理型基金和被动管理型基金两种类型。基金经理是专业的资产管理者，负责选择构成基金资产的证券及其数量。基金管理的目的是为了实现基金资产高于平均水平的增长。被动管理型基金与指数（例如股票指数、债券指数或黄金价格指数）挂钩。被动管理型基金的一个常见例子是交易型开放式指数基金（ETF）。

以运作方式划分，投资基金可以分为封闭式基金和开放式基金。封闭式基金是指基金发行总额和发行期在设立时已确定，在规定期限内固定不变的投资基金。封闭式基金的基金份额可以在依法设立的证券交易场所交易，但基金份额的持有人不得申请赎回基金份额。开放式基金是指基金发行总额不固定，基金份额的持有人可以在基金合同约定的时间和场所申购或者赎回的基金。

市盈率

可用于判断一只股票是否被低估的财务指标。市盈率越低，股票越便宜。

市盈率 = 每股股价 / 每股收益

做空

指股票（以及其他有价证券、商品或外汇）在出售时并未由各自的市场参与者所有的情况。交易者选择做空通常是因为推测自己以后能够以更低的价格买入。

彼得·林奇

生于 1944 年 1 月 19 日，是股票市场历史上最成功的基金经理之一，曾管理麦哲伦基金。

保证金

指金融衍生品交易中杠杆投资的买方必须提供的担保。保证金的作用是在投机发生错误时抵消损失。在期货交易或做空中，保证金是必须要支付的。

市值

也称股票市值，指上市公司股票的总价值。市值是上市公司当前股价与流通股数的乘积。

查理·芒格

生于 1924 年 1 月 1 日，美国律师、价值投资者。1978 年以来，他担任伯克希尔－哈撒韦投资公司的副董事长，与巴菲特共事。

固定利息债券

指发行时票面利率固定并且在偿还期内不再变动的债券。银行、公司和政府均可以发行固定利率债券。

期权

一种有条件的期货合约，该合约赋予持有人在某一持定日期或该日期之前的任何时间以固定价格买入或卖出特定数量的资产的权利。与传统期货不同，期权的持有者享有买入或卖出的权利，但不承担买入或卖出的义务。期权发行人在期权持有人决定行使权利时，必须配合其权利的行使。

业绩

指股票、投资基金或其他上市投资产品的收益发展情况。

投资组合

指投资者持有的证券或基金的总体情况。

收益率

资本投资的收益率是指利润的百分比。收益率有不同类型：自有资本收益率体现了投资股本产生的利息；总投资收益率体现了自有资本和外部资本共同产生的收益；销售收益率是在一段时间内销售额产生的利润率。

吉姆·罗杰斯

生于 1942 年 10 月 19 日，美国投资家，量子基金联合创始人。罗杰斯是著名的大宗商品投资教父，在中国投资者群体中久负盛名。

安全边际

指股票的购买价格与实际价值之间的差额，旨在抵消或降低投资风险。价值投资者通过计算一家公司或一只股票的内在价值（账面价值）确定安全边际。当股票的价格低于其内在价值一定程度（例如 20% 或 25%）时，价值投资者就将这种情况视为具备安全边际，可以买入该股票。

投机者

指购买股票不是为了进行长期投资，而是为了赚取短期利润的市场参与者。与投资者相比，投机者承担的风险往往更高。在一些国家的语言中，"投机"这个词往往存在负面的含义，喻指不负责任的行为。由于这个原因，在现代股票市场的术语中人们越来越多地使用"交易者"。

选股者

有针对性地购买单只股票以实现收益高于平均水平的人。与选股相反的是对整体市场进行投资，例如购买指数基金。

约翰·邓普顿

生于 1912 年 11 月 29 日，逝于 2008 年 7 月 8 日，股票市场历史上最成功的基金经理之一，曾管理邓普顿增长基金。

自上而下策略

一种从抽象到具体、从整体到局部、从宏观到微观的分析方法。在投资领域，自上而下策略的倡导者会首先分析宏观经济和行业环境，然后分析具体投资项目，如公司、大宗商品或房地产等。采用这种策略的著名代表人物有吉姆·罗杰斯和安德烈·科斯托拉尼。与自上而下策略相对的是自下而上策略。

交易者

在短期购买并出售证券，以便从价格波动中获利的投机者。

转机

指受危机困扰的公司成功恢复盈利。

价值投资

一种证券分析方法，以价值为导向，是基本面分析法的变体。价值投资者倾向于投资股价远低于内在价值的公司。这些公司的典型特征是低市盈率和高于平均水平的股息率。价值投资者的目标是识别被低估的公司并投资它们。价值投资是由美国经济学家本杰明·格雷厄姆和大卫·多德于20世纪30年代提出的概念。最著名的价值投资大师包括本杰明·格雷厄姆、沃伦·巴菲特和查理·芒格等。

证券分析

对证券市场的系统性调查与分析。证券分析的目的是得出对单个证券的买入、持有或卖出建议。在证券投资的具体实践中，3种不同类型的证券分析具有如下区别：基本面分析考察的是一家公司的经营数据，并根据这些数据提出操作建议。图表分析考察的是一只证券迄今为止的价格走势，并由此推测出该证券未来的发展趋势。情绪分析考察的是市场投资者的情绪，并由此提出相关操作建议。

参考文献

1   Kostolany, André, *Weisheit eines Spekulanten*, Düsseldorf 1996, S. 37 f.

2   Vgl. Kostolany, André, *Kostolanys Wunderland von Geld und Börse*, München 2000, S. 100 f.

3   Kostolany, André, *Die Kunst, über Geld nachzudenken*, München 2000, S. 33.

4   Kühne, H.-J., *André Kostolany – Ein Wanderprediger der Börse im 20. Jahrhundert*, Düsseldorf 1999, S. 202.

5   Kostolany, André, *Der große Kostolany*, München 2001, S. 253.

6   Kostolany, André, *Der große Kostolany*, München 2001, S. 34.

7   https://www.welt.de/print-welt/article646300/Der-Traum-vom-muehelosen-Reichtum.html

8   Kostolany, André, *Der große Kostolany*, München 2001, S. 455.

9   Kostolany, André, *Weisheit eines Spekulanten*, Düsseldorf 1996, S. 35.

10 Kostolany, André, *Weisheit eines Spekulanten*, Düsseldorf 1996, S. 11.

11 Kostolany, André, *Kostolanys Bilanz der Zukunft*, München 1999, S. 188.

12 Vgl. Kühne, Hans-Jörg, *André Kostolany – Ein Wanderprediger der Börse im 20. Jahrhundert*, Düsseldorf 1999, S. 14 f.

13 Kostolany, André, *Weisheit eines Spekulanten*, Düsseldorf 1996, S. 37.

14 Kühne, Hans-Jörg, *André Kostolany – Ein Wanderprediger der Börse im 20. Jahrhundert*, Düsseldorf 1999, S. 24.

15 Kostolany, André, *Das ist die Börse – Bekenntnisse eines Spekulanten*, Stuttgart 1961, S. 55.

16 Kostolany, André, *Das ist die Börse – Bekenntnisse eines Spekulanten*, Stuttgart 1961, S. 56.

17 In seinem Erstlingswerk »Das ist die Börse« erwähnt Kostolany anstatt der in Deutschland bekannten Enzyklopädie Brockhaus noch die französische Enzyklopädie Larousse.

18 Kostolany, André, *Kostolanys Wunderland von Geld und Börse*, München 2000, S. 101.

19 Kostolany, André, *Der große Kostolany*, München 2001, S. 492.

20 Kostolany, André, *Das ist die Börse – Bekenntnisse eines Spekulanten*, Stuttgart 1961, S. 38.

21 Kostolany, André, *Kostolanys Börsenpsychologie*, Düsseldorf 1991, S. 139.

22 Kostolany, André, *Der große Kostolany*, München 2001, S. 455.

23 Kühne, Hans-Jörg, *André Kostolany – Ein Wanderprediger der Börse im 20. Jahrhundert*, Düsseldorf 1999, S. 28.

24 Kostolany, André, *Das ist die Börse – Bekenntnisse eines Spekulanten*, Stuttgart 1961, S. 148.

25 Kostolany, André, *Das ist die Börse – Bekenntnisse eines Spekulanten*, Stuttgart 1961, S. 150.

26 Kostolany, André, *Kostolanys Bilanz der Zukunft*, München 1999, S. 15.

27 Kostolany, André, *Der große Kostolany*, München 2001, S. 717.

28 Kostolany, André, *Die Kunst, über Geld nachzudenken*, München 2000, S. 32.

29 Kostolany, André, *Das ist die Börse – Bekenntnisse eines Spekulanten*, Stuttgart 1961, S. 148.

30 Kostolany, André, *Der große Kostolany*, München 2001, S. 265.

31 Kostolany, André, *Weisheit eines Spekulanten*, Düsseldorf 1996, S. 58.

32 Vgl. Kühne, Hans-Jörg, *André Kostolany – Ein Wanderprediger der Börse im 20. Jahrhundert*, Düsseldorf 1999, S. 27 ff.

33 Kostolany, André, *Kostolanys Börsenpsychologie*, Düsseldorf 1991, S. 35.

34 Kostolany, André, *Der große Kostolany*, München 2001, S. 267 f.

35 Kostolany, André, *Der große Kostolany*, München 2001, S. 268.

36 Kostolany, André, *Das ist die Börse – Bekenntnisse eines Spekulanten*, Stuttgart 1961, S. 154.

37 Vgl. Kühne, Hans-Jörg, *André Kostolany – Ein Wanderprediger der Börse im 20. Jahrhundert*, Düsseldorf 1999, S. 45.

38 Vgl. Kostolany, André, *Weisheit eines Spekulanten*, Düsseldorf 1996, S. 69.

39 Kostolany, André, *Kostolanys beste Tipps für Geldanleger*, München 1998, S. 15.

40 Kostolany, André, *Kostolanys beste Tipps für Geldanleger*, München 1998, S. 16.

41 Kostolany, André, *Kostolanys beste Tipps für Geldanleger*, München 1998, S. 16.

42 Kostolany, André, *Kostolanys beste Geldgeschichten*, Düsseldorf 1991, S. 17.

43 Kostolany, André, *Das ist die Börse – Bekenntnisse eines Spekulanten*, Stuttgart 1961, S. 170.

44 Kostolany, André, *Das ist die Börse – Bekenntnisse eines Spekulanten*, Stuttgart 1961, S. 175.

45 Kostolany, André, *Kostolanys Bilanz der Zukunft*, München 1999, S. 246.

46 Kostolany, André, *Kostolanys Bilanz der Zukunft*, München 1999, S. 157.

47 Kostolany, André, *Das ist die Börse – Bekenntnisse eines Spekulanten*, Stuttgart 1961, S. 176.

48 Kostolany, André, *Der große Kostolany*, München 2001, S. 270.

49 Kostolany, André, *Kostolanys beste Geldgeschichten*, Düsseldorf 1991, S. 254.

50 Vgl. Kostolany, André, *Weisheit eines Spekulanten*, Düsseldorf 1996, S. 84 f.

51 Kostolany, André, *Der große Kostolany*, München 2001, S. 729 f.

52 Kostolany, André, *Kostolanys Bilanz der Zukunft*, München 1999, S. 237.

53 Kostolany, André, *Kostolanys Bilanz der Zukunft*, München 1999, S. 198.

54 www.welt.de/print-welt/article646300/Der-Traum-vom-muehelosen-Reichtum.html

55 Kostolany, André, *Die Kunst, über Geld nachzudenken*, München 2000, S. 26.

56 Kostolany, André, *Die Kunst, über Geld nachzudenken*, München 2000, S. 25.

57 Kostolany, André, *Die Kunst, über Geld nachzudenken*, München 2000, S. 45.

58 Kostolany, André, *Der große Kostolany*, München 2001, S. 475.

59 Kostolany, André, *Kostolanys Bilanz der Zukunft*, München 1999, S. 36.

60 Kostolany, André, *Kostolanys Bilanz der Zukunft*, München 1999, S. 156.

61 Kostolany, André, *Die Kunst, über Geld nachzudenken*, München 2000, S. 225.

62 Kostolany, André, *Der große Kostolany*, München 2001, S. 433.

63 Kühne, Hans-Jörg, *André Kostolany – Ein Wanderprediger der Börse im 20. Jahrhundert*, Düsseldorf 1999, S. 99.

64 Vgl. Kühne, Hans-Jörg, *André Kostolany – Ein Wanderprediger der Börse im 20. Jahrhundert*, Düsseldorf 1999, S. 99 f.

65 Kostolany, André, *Kostolanys Bilanz der Zukunft*, München 1999, S. 204.

66 Kostolany, André, *Der große Kostolany*, München 2001, S. 787 f.

67 Kostolany, André, *Die Kunst, über Geld nachzudenken*, München 2000, S. 26.

68 Kostolany, André, *Die Kunst, über Geld nachzudenken*, München 2000, S. 26 f.

69 Kostolany, André, *Die Kunst, über Geld nachzudenken*, München 2000, S. 27.

70 Kostolany, André, *Weisheit eines Spekulanten*, Düsseldorf 1996, S. 132 f.

71 Kostolany, André, *Kostolanys Bilanz der Zukunft*, München 1999, S. 107.

72 Kostolany, André, *Kostolanys Bilanz der Zukunft*, München 1999, S. 124.

73 Kostolany, André, *Kostolanys Bilanz der Zukunft*, München 1999, S. 109.

74 Kostolany, André, *Der große Kostolany*, München 2001, S. 352 f.

75 Kostolany, André, *Das ist die Börse – Bekenntnisse eines Spekulanten*, Stuttgart 1961, S. 204.

76 Kostolany, André, *Kostolanys Bilanz der Zukunft*, München 1999, S. 207.

77 Kostolany, André, *Weisheit eines Spekulanten*, Düsseldorf 1996, S. 133.

78 Kostolany, André, *Der große Kostolany*, München 2001, S. 596.

79 Kostolany, André, *Kostolanys beste Tipps für Geldanleger*, München 1998, S. 174.

80 Kostolany, André, *Der große Kostolany*, München 2001, S. 655.

81 Kostolany, André, *Kostolanys beste Tipps für Geldanleger*, München 1998, S. 174.

82 Kostolany, André, *Kostolanys Bilanz der Zukunft*, München 1999, S. 42.

83 Kostolany, André, *Die Kunst, über Geld nachzudenken*, München 2000, S. 229.

84 Stefan Riße im Vorwort des letzten Buches von André Kostolany: Kostolany, André, *Die Kunst, über Geld nachzudenken*, München 2000, S. 10.

85 Kostolany, André, *Der große Kostolany*, München 2001, S. 465.

86 Kostolany, André, *Der große Kostolany*, München 2001, S. 459.

87 Kostolany, André, *Der große Kostolany*, München 2001, S. 460.

88 Kostolany, André, *Der große Kostolany*, München 2001, S. 742.

89 Vgl. https://www.gottfried-heller.de/erinnerungen-kostolany

90 Kostolany, André, *Das ist die Börse – Bekenntnisse eines Spekulanten*, Stuttgart 1961, S. 235.

91 Kostolany, André, *Kostolanys beste Tipps für Geldanleger*, München 1998, S. 122.

92 Kostolany, André, *Kostolanys beste Tipps für Geldanleger*, München 1998, S. 124.

93 Kostolany, André, *Die Kunst, über Geld nachzudenken*, München 2000, S. 127.

94 Kostolany, André, *Kostolanys Börsenpsychologie*, Düsseldorf 1991, S. 239 f.

95 Vgl. Kühne, Hans-Jörg, *André Kostolany – Ein Wanderprediger der Börse im 20. Jahrhundert*, Düsseldorf 1999, S. 144.

96 Vgl. Kostolany, André, *Kostolanys Bilanz der Zukunft*, München 1999, S. 135.

97 Kostolany, André, *Weisheit eines Spekulanten*, Düsseldorf 1996, S. 149.

98 Vgl. Kühne, Hans-Jörg, *André Kostolany – Ein Wanderprediger der Börse im 20. Jahrhundert*, Düsseldorf 1999, S. 139 f.

99 Kostolany, André, *Der große Kostolany*, München 2001, S. 389.

100 Vgl. Kühne, Hans-Jörg, *André Kostolany – Ein Wanderprediger der Börse im 20. Jahrhundert*, Düsseldorf 1999, S. 148.

101 Kostolany, André, *Weisheit eines Spekulanten*, Düsseldorf 1996, S. 155.

102 Kostolany, André, *Kostolanys Börsenpsychologie*, Düsseldorf 1991, S. 241.

103 Kostolany, André, *Der große Kostolany*, München 2001, S. 457.

104 Kostolany, André, *Weisheit eines Spekulanten*, Düsseldorf 1996, S. 159.

105 Vgl. https://de.wikipedia.org/wiki/Andr%C3%A9_Kostolany

106 Kostolany, André, *Kostolanys Bilanz der Zukunft*, München 1999, S. 250.

107 Kostolany, André, *Weisheit eines Spekulanten*, Düsseldorf 1996, S. 208.

108 Kostolany, André, *Der große Kostolany*, München 2001, S. 711.

109 www.gottfried-heller.de/erinnerungen-kostolany

110 Kostolany, André, *Kostolanys Bilanz der Zukunft*, München 1999, S. 189.

111 Kostolany, André, *Weisheit eines Spekulanten*, Düsseldorf 1996, S. 162.

112 Kostolany, André, *Der große Kostolany*, München 2001, S. 35.

113 Kostolany, André, *Kostolanys Bilanz der Zukunft*, München 1999, S. 155.

114 Kostolany, André, *Kostolanys Bilanz der Zukunft*, München 1999, S. 13.

115 Vgl. Balsiger, P.; Werner, F.B., *Die Erfolgsgeheimnisse der Börsenmillionäre*, München 2016, S. 82.

116 Kostolany, André, *Weisheit eines Spekulanten*, Düsseldorf 1996, S. 148.

117 Kostolany, André, *Der große Kostolany*, München 2001, S. 463.

118 Kostolany, André, *Die Kunst, über Geld nachzudenken*, München 2000, S. 49.

119 Kostolany, André, *Kostolanys Bilanz der Zukunft*, München 1999, S. 36.

120 Kostolany, André, *Die Kunst, über Geld nachzudenken*, München 2000, S. 54.

121　Kostolany, André, *Kostolanys Bilanz der Zukunft*, München 1999, S. 33.

122　Kostolany, André, *Kostolanys Bilanz der Zukunft*, München 1999, S. 33.

123　Kostolany, André, *Der große Kostolany*, München 2001, S. 33.

124　Kostolany, André, *Kostolanys Bilanz der Zukunft*, München 1999, S. 169.

125　Kostolany, André, *Kostolanys Bilanz der Zukunft*, München 1999, S. 23.

126　Kostolany, André, *Der große Kostolany*, München 2001, S. 234.

127　Vgl. Kostolany, André, *Kostolanys beste Geldgeschichten*, Düsseldorf 1991, S. 222.

128　Vgl. Kostolany, André, *Kostolanys beste Geldgeschichten*, Düsseldorf 1991, S. 221 ff.
　　und Kostolany, André, *Kostolanys Börsenweisheit*, Düsseldorf 1986, S. 71 ff.
　　und Kostolany, André, *Der große Kostolany*, München 2001, S. 134 ff.
　　und Kostolany, André, *Der große Kostolany*, München 2001, S. 693 ff.
　　und Kostolany, André, *Kostolanys Wunderland von Geld und Börse*, München 2000, S.65 f.
　　und Kostolany, André, *Die Kunst, über Geld nachzudenken*, München 2000, S. 130 ff.

129　Kostolany, André, *Der große Kostolany*, München 2001, S. 362.

130　Kostolany, André, *Der große Kostolany*, München 2001, S. 693.

131　Kostolany, André, *Der große Kostolany*, München 2001, S. 642.

132　Kostolany, André, *Kostolanys Wunderland von Geld und Börse*, München 2000, S. 82.

133　Kostolany, André, *Das ist die Börse – Bekenntnisse eines Spekulanten*, Stuttgart 1961, S. 232.

134　Kostolany, André, *Der große Kostolany*, München 2001, S. 82.

135　Kostolany, André, *Der große Kostolany*, München 2001, S. 91.

136　Kostolany, André, *Der große Kostolany*, München 2001, S. 233.

137　Kostolany, André, *Die Kunst, über Geld nachzudenken*, München 2000, S. 163 f.

138　Kostolany, André, *Die Kunst, über Geld nachzudenken*, München 2000, S. 81.

139　Kostolany, André, *Die Kunst über Geld nachzudenken*, München 2000, S. 82.

140　Kostolany, André, *Der große Kostolany*, München 2001, S. 75.

141　Kostolany, André, *Die Kunst, über Geld nachzudenken*, München 2000, S. 121 ff. und
　　Kostolany, André, *Der große Kostolany*, München 2001, S. 74 und Kostolany, André, *Kostolanys Bilanz der Zukunft*, München 1999, S. 33 f.

142　Kostolany, André, *Kostolanys Bilanz der Zukunft*, München 1999, S. 40.

143　Kostolany, André, *Der große Kostolany*, München 2001, S. 649.

144　Kostolany, André, *Kostolanys Bilanz der Zukunft*, München 1999, S. 37.

145　Kostolany, André, *Kostolanys beste Geldgeschichten*, Düsseldorf 1991, S. 224.

146　Kostolany, André, *Der große Kostolany*, München 2001, S. 74.

147　Kostolany, André, *Die Kunst, über Geld nachzudenken*, München 2000, S. 127.

148　Kostolany, André, *Die Kunst, über Geld nachzudenken*, München 2000, S. 87.

149　Kostolany, André, *Der große Kostolany*, München 2001, S. 74.

参考文献

150 Kostolany, André, *Das ist die Börse – Bekenntnisse eines Spekulanten*, Stuttgart 1961, S. 218.

151 Kostolany, André, *Das ist die Börse – Bekenntnisse eines Spekulanten*, Stuttgart 1961, S. 218.

152 Kostolany, André, *Kostolanys Wunderland von Geld und Börse*, München 2000, S. 72.

153 Kostolany, André, *Kostolanys Wunderland von Geld und Börse*, München 2000, S. 74.

154 Kostolany, André, *Kostolanys Wunderland von Geld und Börse*, München 2000, S. 55.

155 Kostolany, André, *Die Kunst, über Geld nachzudenken*, München 2000, S. 111.

156 Kostolany, André, *Die Kunst, über Geld nachzudenken*, München 2000, S. 99.

157 Kostolany, André, *Die Kunst, über Geld nachzudenken*, München 2000, S. 99.

158 Kostolany, André, *Die Kunst, über Geld nachzudenken*, München 2000, S. 99.

159 Kostolany, André, *Kostolanys Bilanz der Zukunft*, München 1999, S. 99.

160 Kostolany, André, *Die Kunst, über Geld nachzudenken*, München 2000, S. 99.

161 Kostolany, André, *Kostolanys Wunderland von Geld und Börse*, München 2000, S. 56.

162 Kostolany, André, *Die Kunst, über Geld nachzudenken*, München 2000, S. 100.

163 Kostolany, André, *Die Kunst, über Geld nachzudenken*, München 2000, S. 100.

164 Kostolany, André, *Kostolanys Bilanz der Zukunft*, München 1999, S. 67.

165 Morrien, R., Vinkelau, H., *Alles, was Sie über Jim Rogers wissen müssen*, München 2020.

166 Morrien, R., Vinkelau, H., *Alles, was Sie über Warren Buffett wissen müssen*, München 2018.

167 Morrien, R., Vinkelau, H., *Alles, was Sie über Charlie Munger wissen müssen*, München 2018.

168 Morrien, R., Vinkelau, H., *Alles, was Sie über Benjamin Graham wissen müssen*, München 2018.

169 Morrien, R., Vinkelau, H., *Alles, was Sie über Peter Lynch wissen müssen*, München 2019.

170 Morrien, R., Vinkelau, H., *Alles, was Sie über John Templeton wissen müssen*, München 2020.

171 Vgl. Kostolany, André, *Die Kunst, über Geld nachzudenken*, München 2000, S. 205 ff.

172 Kostolany, André, *Die Kunst, über Geld nachzudenken*, München 2000, S. 205.

173 Kostolany, André, *Die Kunst, über Geld nachzudenken*, München 2000, S. 207.

174 Kostolany, André, *Der große Kostolany*, München 2001, S. 699.

175 Kostolany, André, *Die Kunst, über Geld nachzudenken*, München 2000, S. 181.

176 Kostolany, André, *Der große Kostolany*, München 2001, S. 270.

177 Kostolany, André, *Kostolanys Bilanz der Zukunft*, München 1999, S. 22.

178 Vgl. Kostolany, André, *Kostolanys Wunderland von Geld und Börse*, München 2000, S. 61.

179 Kostolany, André, *Die Kunst, über Geld nachzudenken*, München 2000, S. 209.